MOURAD AERTS | Préface de JEAN-MARC FURLAN

L'ENTRAÎNEUR (FRANÇAIS)

COUPABLE IDÉAL ?

AMPHORA

Sommaire

Préface 5

Avant-propos 9

1 Le moule de la Ligue 1 15

Les bases économiques et philosophiques du système 15

Le Miroir *ou quand la presse française militait pour le beau jeu* 27

L'exemple de l'équipe nationale sans les joueurs de l'équipe nationale 31

2 L'enfer du diplôme 39

Entretien avec Pascal Moulin 42

3 Le cas Casanova 47

Entretien avec Alain Casanova 50

4 Édouard Cissé 67

Entretien avec Édouard Cissé 69

5 Le cas Hantz 75

Entretien avec Frédéric Hantz 78

6 Jean-Pierre Rivère 101
Entretien avec Jean-Pierre Rivère 103

7 Le cas Dall'Oglio 111
Entretien avec Olivier Dall'Oglio 114

8 Le cas nantais 139
Entretien avec Pierre-Marie (supporter) 143
Entretien avec Raynald Denoueix 149

9 Saison 2020-2021 173

10 La conclusion avec Furlan 181

Remerciements 192

Préface

C'est injuste de faire reposer l'ennui de certains matchs en France uniquement sur les entraîneurs français. Tout ça dépend d'un contexte local et d'un autre plus général.

Local d'abord. Quelle est l'ambition du président de ton club ? Quelle est l'identité propre que tu veux créer ? Tu veux juste gagner des matchs ou tu veux faire adhérer ton public à une philosophie, à une identité ? Je me souviens que, lorsque j'étais à Troyes, nous étions loin de toujours gagner. Nous sommes montés, descendus, Ligue 1, Ligue 2, mais le stade était plein en permanence ! Il y a d'autres endroits où ça gagnait davantage mais les gens n'avaient pas envie de venir. À Troyes, il existait une culture, une identité qui donnait envie au-delà du résultat.

Ensuite, tu as le contexte d'ensemble, la philosophie générale dans le sport en France.

Dans notre pays, nous avons assimilé le sport à l'entreprise. Nous restons sur un esprit comptable : comment on gratte des points… Nous avons un peu oublié que le football doit être identitaire par rapport au public, culturel, qu'il doit attirer les gens au stade pour donner de l'émotion. Cette culture de l'entreprise, les spectateurs ont tendance à l'intérioriser parce que des mecs de ma génération vont leur répéter qu'il n'y a que la victoire qui compte, la presse va le répéter également mais... ce qui compte vraiment, c'est le plaisir du peuple ! Que le stade soit plein en permanence, que les gens soient heureux d'aller au stade, qu'ils adhèrent !

Et puis si tu ne gagnes pas tout de suite mais que les gens sont heureux, il ne faut pas non plus immédiatement sauter d'une chaise à une autre. De notre propre responsabilité mais aussi de celle des commentateurs autour du football, nous sommes arrivés à une véritable inculture sportive.

Les Français ont été fantastiques culturellement dans plein de domaines mais, en revanche, je pense que nous avons une très forte inculture du sport. Et je m'inclus là-dedans. La culture sportive, c'est l'émotion, c'est la joie, c'est ce qui pousse les gens à vouloir venir au stade avec leurs copains pour s'éclater.

Un autre souvenir que je garde précieusement concerne une défaite à Brest deux buts à zéro alors que je venais d'arriver. Après la rencontre, des jeunes ultras viennent vers moi « tout sourire » : « Coach, on peut prendre une photo ? » Je leur dis : « Mais les gars… on vient de perdre deux buts à zéro, là ! » Mais eux s'en foutaient et me disaient : « Mais on a fait un grand match, on s'est régalés, on s'est amusés ! » C'était la première fois que j'entendais ça de ma vie !

De toute manière, nous allons vers ce changement. Les jeunes actuellement ont besoin de plus que d'un simple résultat. Ils sont abreuvés d'un tas de loisirs et même d'un tas d'autres championnats de football. Économiquement, les télés s'en rendent compte également. Il va falloir changer, tout le monde s'en rend compte. Et nous avons les armes pour le faire en France. Nous formons les meilleurs joueurs du monde.

Vous ne m'entendrez jamais dénigrer Fernand Sastre et Georges Boulogne. Ces hommes ont créé les centres de formation qui ont ensuite été copiés dans le monde entier. D'ailleurs, lorsque je recrute, l'un des critères de base que je demande, c'est que le joueur ciblé soit formé dans un club français. Pourquoi ? Parce que tu te rends compte qu'il existe tout un tas de paramètres présents [...] mais qui lui permettent d'évoluer. Sans oublier notre multiculturalisme qui nous a aussi aidés à avoir les meilleurs joueurs du monde. Nos deux titres de champion du monde doivent beaucoup à Fernand Sastre et à Georges Boulogne. C'est vrai que ce dernier avait une approche très guerrière du foot... mais vraiment, à mes yeux, ces deux-là sont des génies. Ils nous ont permis de grandir.

Je pense que, là où nous avons du retard, c'est dans la culture du jeu. Nos joueurs ont toutes les qualités physiques et techniques nécessaires pour être de bons footballeurs, mais il leur manque parfois la culture du jeu. Par exemple, c'est bien de savoir dribbler mais il faut savoir le réinvestir dans un autre type de football beaucoup plus collectif, ce qu'ont fait les Espagnols, les Portugais, etc. Ils ont corrigé leur football parce qu'il était en danger.

Le jeu collectif, il faut toujours le peaufiner, c'est de la remise en question permanente. C'est beaucoup plus facile de s'appuyer sur des joueurs costauds, rapides, capables de contrer efficacement. Pour un temps au moins...

Mes copains qui entraînent de très grands clubs me l'ont toujours répété. Les grands joueurs dans le vestiaire, ce que tu lis dans leurs yeux, c'est : « Sois cohérent et compétent ! » Et c'est pareil en Ligue 2, si tu arrives à être cohérent et compétent, le joueur adhère à ton projet. Il va modifier son football parce qu'il croit en ton projet. Il ne faut pas prendre le footballeur pour un imbécile. À l'inverse, si ton projet n'est pas cohérent, il va faire son truc dans son coin. Ça, je l'ai vécu. Mais si ce mec adhère à ton projet, parce qu'il comprend que tu es cohérent et compétent, alors il va aussi se rallier à ses partenaires, au système, au protocole et aux principes.

Bref, comme le disait mon ami et mentor André Menaut en se basant sur Sigmund Freud : « Il y a trois métiers qui sont impossibles : enseigner, soigner et gouverner. Et être entraîneur de football appartient à deux de ses métiers. » Enseigner et gouverner.

Jean-Marc Furlan

Avant-propos

Mais qu'est-ce qui t'a pris, Pablo ?

Mon intro était déjà prête, tout était rédigé et ne voilà-t-il pas que, en ce 12 avril 2021, Pablo Longoria, tout jeune président de l'Olympique de Marseille, se lance dans une violente logorrhée contre le football français[1] ! Violente ! Et contre le football français, on a dit ! Oui, carrément ! On est pour ou on est contre, c'est comme ça ! Qu'il arrête avec ces pirouettes-là en expliquant qu'il a simplement dit que le football français n'était pas particulièrement attaché à une identité de jeu bien marquée.

De toute manière, c'est trop tard ! Le football français est déjà tout parfait ! Champion du monde, on a dit ! Tes Espagnols et leur tiki-taka, ils en ont gagné combien de tour-

1 • « En France, il n'y a pas de modèle français du jeu. Objectivement, si l'on analyse l'ensemble du globe, c'est l'un des pays qui exportent le moins d'entraîneurs. Ils ne vendent pas d'idées collectives. Mais, individuellement, c'est la formation qui exporte le plus de joueurs, car le joueur français continue de jouer dans la rue, notamment dans de nombreux quartiers de Paris, de Marseille et de Lyon. Ils ont une formation individualiste qui les aide à faire une différence, mais ils ne sont pas formés pour s'intégrer dans un modèle de jeu. » Diego Torres, « Pablo Longoria : “El Marsella es el Boca Juniors de Europa” », *El País*, 12 avril 2021.

nois majeurs de sélection depuis 1998 ? Autant que la France ? Sur cette période 1998-2018, les Bleus, c'est quand même trois titres majeurs (deux Coupes du monde, un Euro), agrémentés de deux finales supplémentaires (2006, 2016), raflés en vingt ans de temps, toujours avec un technicien français à leur tête. Ils répondent quoi à ça, les Longoria de ce monde ? Quoi ? L'Espagne a aussi remporté trois tournois majeurs sur la période ? Champions du monde, tu sais ce que ça veut dire ?

En réalité, même si beaucoup auraient pu retoquer le président de l'OM sur le fait que, même en France, il devient difficile pour les jeunes de jouer dans la rue et que l'excellence des footballeurs français a beaucoup à voir avec l'excellent système de formation du pays, la corporation des entraîneurs français de Ligue 1 a préféré le moucher en ressortant ses classiques... Il a donc goûté à l'enfer médiatique réservé à ceux qui osent remettre en cause le cercle fermé des coachs bleu-blanc-rouge autorisés à officier dans notre élite[2]. Allez, un tweet de ce troll en chef de Raymond Domenech pour commencer, un communiqué d'Hubert Fournier par-ci, un commentaire offensant d'Antoine Kombouaré par-là et une bonne couche de « manque de réseau » pour enrober le tout, il en a pris plein les dents ! Ça lui apprendra !

C'est qu'on ne touche pas à l'entraîneur français, ou alors on le détruit et on le rend responsable de tous les maux de notre triste Ligue 1. C'est l'un ou l'autre, pas d'alternative.

N'aurait-on pas pu profiter de cette tempête corporatiste pour s'interroger sur les tristes résultats européens de nos clubs ou l'ennui ressenti par les supporters depuis plusieurs décennies devant la majorité des matchs de Ligue 1 ? Le tout en arrêtant bien sûr, de l'autre côté, de stigmatiser bêtement

---

2 • Les autres coachs français non autorisés au plus haut niveau n'avaient qu'à réussir une carrière de footballeur pro d'abord...

l'entraîneur français comme un élément du mal, formaté à gâcher nos soirées football ? Pas possible ? Non ?

Au moins, ça laisse de la place à ce livre. Ce bouquin, c'est celui d'un amateur de foot français, d'un passionné d'Angers-Metz, de Multiplex du samedi soir (RIP), qui se demande souvent ce qu'il fait devant son écran. Il faut dire qu'avec les moyens de communication modernes un tout autre football me fait constamment de l'œil. Alors, pourquoi diable je persiste à prioriser les Reims-Dijon de ce bas monde aux Inter-Fiorentina et autres Bayern-Wolfsburg disponibles sur l'autre chaîne, l'autre *stream*, l'autre monde ? Mais pourquoi à la fin ?

Sans doute parce qu'il s'agit de mon championnat, de ma compétition, de mon éducation au jeu. Les déplacements compliqués de mon OM à La Mosson ou à Saint-Symphorien ont constitué et constituent toujours l'élément le plus important dans la définition de mon humeur pour les sept jours à venir. Puis une autre réception, un autre déplacement viendra tout remettre en cause. Ligue 1 Conforama, Uber Eats, des Talents, mettez-lui l'autocollant promotionnel que vous voulez, ça ne changera rien à ce qu'elle est vraiment : le pain quotidien de l'amoureux du foot hexagonal. De Metz à Brest, de Nice à Lille, des centaines de milliers d'âmes guettent, chaque week-end, les résultats, les retransmissions, les résumés, bref, s'investissent émotionnellement dans ces rencontres.

Ces rencontres bien trop souvent ennuyeuses… La Ligue 1, ennuyeuse ? Ça ne semble plus si évident au sortir d'une saison 2020-2021 spectaculaire comme elle l'a rarement été ces dix dernières années. Non seulement l'ogre PSG n'a pas mis fin au suspense pour le titre dès janvier, mais, en plus de ça, plusieurs équipes ont d'abord pensé au but adverse avant de se recroqueviller devant le leur.

Eh bien, voilà une raison de plus de ne pas se remettre en question pour les instances dirigeantes du ballon rond français. Champion du monde ! Une saison spectaculaire bouleversée par la Covid, ça efface bien vingt ans de plaintes sur l'air : « Mais quelle purge, ce match ! » Non ?

Un fugace regard dans le rétro permet de constater que le football bleu-blanc-rouge a vécu des heures bien plus sombres que celles qu'il vit actuellement. Et cela semble suffire au bonheur de nos dirigeants. Malgré un niveau de jeu déficient et un suspense trop souvent proche du néant dans sa compétition nationale majeure, les Français peuvent régulièrement s'extasier devant leurs légionnaires qui gagnent tout avec des superclubs étrangers, parce que, oui, sur la scène européenne, les clubs français, eux, demeurent de gentils figurants, ne prenant que très rarement la lumière. Pas grave, la France forme les meilleurs joueurs du monde qui exercent dans les meilleurs clubs du monde et gagnent ensuite, pour la patrie, la Coupe du monde.

Aimé Jacquet gagne la finale du Mondial 1998 en alignant seulement deux joueurs (Fabien Barthez, Stéphane Guivarc'h), évoluant alors en Division 1, et rebelote vingt ans plus tard avec également deux petits pensionnaires de Ligue 1 titulaires face à la Croatie pour le sacre mondial de l'équipe dirigée par Didier Deschamps (Kylian Mbappé et Blaise Matuidi). L'enfant pauvre du football français, c'est le pain quotidien, la D1, la L1...

C'est cet état de fait systémique, lié ou pas à ce qui ressemble de loin à une passion, presque une tradition, pour le « gagner moche » que je veux interroger dans les pages qui vont suivre. Je n'ai pas envie de détruire le football français, j'ai envie d'en ausculter la structure. Je n'ai pas envie de détruire les entraîneurs français, j'ai envie de mettre en avant ceux qui sortent du moule, du cliché. Et j'ai surtout envie de donner la parole à des acteurs plus qualifiés que le petit journaliste de province que je suis.

En espérant que ce livre permettra, in fine, de mieux vous faire passer le goût de votre pain quotidien... ou au moins de vous en faire comprendre le goût !

1

Le moule de la Ligue 1

Les bases économiques et philosophiques du système

Le football français manquerait de penseurs ! Vraiment ? Où sont nos Arrigo Sacchi, Johan Cruyff et autres Victor Frade ? Comment ce football, deux fois champion du monde, deuxième exportateur mondial de joueurs professionnels[3], ne pourrait-il bénéficier d'aucun grand penseur pour le structurer philosophiquement ?

Et si le problème d'identification des grands penseurs du football à la française se situait simplement dans le manque

3 • Selon une étude du CIES, « Export de joueurs : la France deuxième », 20 avril 2020, consultable en ligne : https://football-observatory.com/IMG/sites/b5wp/2019/wp292/fr.

de glamour du gourou suprême ? L'homme qui a tout construit, imposé ses idées, rejeté les dissidents...

Le manque même de spectacularité ne pourrait-il ainsi pas s'expliquer, en grande partie, par la toute-puissance de ce grand gourou sur les institutions nationales pendant plus de quarante ans ? Et comment, diantre, l'amateur moyen de football français ne peut-il pas connaître son nom ?

Mais, avant de parler de Georges Boulogne, car, oui, c'est bien de lui qu'il s'agit, arrêtons-nous un instant sur un autre penseur français du football : André Menaut. Ancien doyen de la faculté des sciences du sport et de l'éducation physique de l'université de Bordeaux, mais aussi entraîneur professionnel (ou semi-professionnel) à la carrière étirée sur trois décennies (de 1974 à 2005), Menaut avait un pied dans la réflexion et l'autre sur le terrain. Trop peu entendu, trop peu estimé, l'ancien coach des Girondins de Bordeaux (de 1974 à 1978) a tout de même eu la brillante idée de nous léguer ses *Réflexions d'un technicien sur le jeu et son environnement*, dans un ouvrage publié aux éditions de La Roque en 2017.

De l'importance du système global...

« Ainsi donc, cette machine sociale qu'est le football inventé par les hommes au milieu du XIXe siècle, sans doute pour convertir une violence plus ou moins sauvage et endémique en violence tolérable, s'est transformée en une machine sociétale qui fait de ce sport la chose de tous et le jeu du monde par excellence, avant de devenir une machine économique qui, si les politiques de ce sport, c'est-à-dire les dirigeants, n'y prennent pas garde, conduira ce jeu sportif à sa dénaturation, et probablement à sa disparition. » André Menaut

Si je veux commencer par Menaut, c'est que, dans son dernier livre, avant même d'entrer dans un passionnant éclairage sur l'incroyable, l'impossible mission de l'entraîneur de football, ce professeur des universités émérite revient avec minutie sur l'histoire de ce sport-passion et sur les structures déterminantes qu'elle a fini par imposer à n'importe quel club ou association à visée professionnelle. Il me semble que le football français, notre Ligue 1, ne peut se comprendre sans retracer, une fois de plus, ce « voyage triste, du plaisir au devoir », selon la formule de Galeano, de l'ensemble du monde du football. Commencer en quelque sorte par un énorme zoom arrière pour revenir petit à petit vers nos samedis soir si peu endiablés...

Trois facteurs semblent essentiels dans ce que développe Menaut : l'orientation erronée et intéressée des dirigeants du football mondial (1) qui, en s'appuyant sur la stabilisation des règles du sport (2), vivent dans l'illusion que la société du football évolue en totale autonomie (3), loin des contraintes juridiques, économiques et sociales du monde extérieur.

Il s'agit là d'un raccourci, d'un condensé d'une analyse bien plus poussée exprimée dans un langage bien plus exigeant, celui des sciences sociales, dont la lecture vous est bien évidemment recommandée afin de mieux appréhender la direction prise ou plutôt donnée au ballon rond.

« En réalité, si, pendant plus d'un siècle, l'autonomie autoproclamée des règles et des règlements sportifs nationaux et internationaux a contribué à entretenir l'illusion d'une forme d'extraterritorialité par rapport aux normes publiques, la rencontre, par exemple, du droit communautaire et des règles et des règlements sportifs à l'occasion des litiges entre des sportifs professionnels et leurs employeurs démontre que le système sportif, c'est-à-dire le système de production du jeu, ne peut être compris que par rapport à un environnement – la société globale –, à l'égard duquel il possède un certain degré d'auto-organisation. En fait, le sport envisagé comme une société paradoxale, selon l'expression du juriste P. Collomb, au même titre que d'autres réalités sociales – la culture, l'art, la religion, etc. –, ne peut être raisonnablement compris et étudié, si l'on veut éviter tout risque de réductionnisme ou de surdétermination, qu'à travers les concepts de la théorie des systèmes autopoïétiques[4]. Ceci signifie que le système sportif – dont le football est un sous-système – est à la fois ouvert à cet environnement, dont il suit le degré croissant de complexité, et relativement fermé, dans la mesure où il ne peut tirer de cet environnement les matériaux qu'il utilise comme unité de base pour sa propre production. » André Menaut

Cette rencontre entre les règlements sportifs et le droit communautaire dont parle Menaut aboutira à l'arrêt Bosman (15 décembre 1995)[5]. Le milieu du football, très réticent, mais finalement impuissant, n'a rien pu faire pour protéger « ses

4 • R. Maturana et F. J. Varela, *Autopoèsis and Cognition : The Realization of Living*, Kluwer Academic Publishers, Dordrecht, 1980. M. Zeleny, *Autopoeisis, a Theory of Living Organisation*, Elsevier Science, New York, 1981.

5 • En 1995, le footballeur belge Jean-Marc Bosman conteste devant la Cour de justice des Communautés européennes le droit de son club, le FC Liège, d'empêcher son départ vers l'USL Dunkerque. La CJCE lui donne raison, au regard du système législatif prévalant dans l'espace européen, et abolit en conséquence un certain nombre de restrictions dictées par les règlements de l'UEFA. Ces restrictions entraient en conflit avec la libre circulation des travailleurs européens décidés de manière globale par l'Union européenne. Ainsi, les derniers pays réclamant encore des indemnités de transfert pour des joueurs en fin de contrat doivent arrêter de le faire. Surtout, il n'y a plus aucune restriction concernant le nombre de joueurs étrangers ressortissant de l'Union européenne (quota de 3 par équipe précédemment).

intérêts». L'Union européenne lui a imposé une nouvelle donne. Une fois le contexte global posé, voici donc le grand élément perturbateur ayant remis en cause l'équilibre du système sans toutefois en changer la direction mercantile prise des décennies plus tôt. Notre football français, notre Division 1, notre Ligue 1 ont donc dû ajuster leur placement dans ce nouvel univers ultraconcurrentiel, mais jamais égalitaire.

Jamais égalitaire, car, après le système législatif communautaire européen, ce sont les différents systèmes fiscaux nationaux à l'intérieur du même espace qui vont durablement affecter le système football et y décider des positions de domination. Plus contraignant en ce qui concerne les salaires importants, dont font partie ceux des footballeurs désormais libres de s'engager où ils le veulent en Europe, le système fiscal français va imposer un désavantage concurrentiel à ses représentants dans une compétition adoptant de plus en plus les codes d'un marché ultralibéral. N'oublions tout de même pas ici la compétence toute relative de certains dirigeants du football bleu-blanc-rouge, mais il faut bien reconnaître qu'ils ne partaient pas avec les mêmes cartes que d'autres, Anglais, Italiens, Allemands, pas toujours beaucoup plus brillants.

Voici donc comment notre football serait passé de *loser* magnifique à centre de formation de l'Europe au milieu des années 1990 !

C'est, du moins, la narrative en vogue, car, dans les faits, entre la Ligue des champions 1993 conquise par l'OM, la Coupe des coupes 1996 du PSG et les fréquentes finales et demi-finales de Coupe d'Europe de ces représentants, la France du foot n'était plus vraiment une perdante en 1996.

En pleine ascension qualitative, le football français de clubs va être freiné dans ses performances, car rapidement surdéterminé par son environnement économique et les nouveaux rapports de force présents au niveau européen.

Nous comptons, par exemple, en l'espace de six ans, cinq finales de Coupe d'Europe de 1991 à 1997 pour les clubs français alors qu'il en faudra vingt-deux autres, d'années, de 1998 à 2020, pour comptabiliser à nouveau cinq finales françaises de plus. Mais zéro trophée supplémentaire.

Et pourtant, justement, sur la même période, de 1998 à 2020, la sélection nationale tricolore va se qualifier pour toutes les grandes compétitions possibles, en remporter trois et échouer sur la dernière marche à deux reprises. La période précédente pour les Bleus ? De 1976 à 1998, la sélection rate quatre grandes compétitions et n'en remporte qu'une (Euro 84).

On peut arguer d'une comparaison fallacieuse, ne prenant pas en compte la montée en puissance progressive du football français dans les années 1980, mais impossible d'ignorer les dynamiques bleues inversées des deux demi-décennies, pré et post-Bosman. De 1990 à 1995, l'équipe de France rate deux phases finales de Coupe du monde et se fait éliminer au premier tour de l'Euro 1992, sans même revenir sur la tragédie France-Bulgarie de 1993, symbole extrême du manque d'esprit tueur de ce football. De 1995 à 2000, les Bleus remportent la Coupe du monde 98 et l'Euro 2000 alors qu'ils n'avaient échoué qu'en demi-finale en 1996[6]. Cette nouvelle donne, post-Bosman, encourageant les brillants produits de la formation française à participer, eux aussi, à la ruée vers l'or organisée par l'UEFA, la FIFA et consorts va entraîner un jeu de vases communicants assez évident au niveau des résultats entre sélection nationale et clubs dans notre beau pays. Reste

6 • L'Euro 1996 représente la compétition charnière pour l'équipe de France et son histoire relative à l'arrêt Bosman. Lors de la demi-finale face à la République tchèque (0-0), dix joueurs sur les onze alignés au coup d'envoi évoluaient en Division 1 lors de la saison 1995-1996. À la suite de la compétition, cinq d'entre eux (Blanc, Lizarazu, Thuram, Djorkaeff, Zidane) émigreront vers les championnats espagnols et italiens.

un certain nombre de questions en suspens une fois que l'on a esquissé les grandes lignes de ce paysage...

Tout d'abord, d'où vient le savoir-faire français en matière de formation ? Pourquoi l'exil a transformé nos Bleus en *winners* compulsifs ? Et pourquoi Angers-Reims reste si peu animé quand d'autres championnats avec des configurations économiques similaires, comme celui des Pays-Bas[7], font la part belle aux envolées offensives ?

De l'importance de Georges Boulogne...

La formation, les championnats professionnels et la sélection nationale : voici les trois strates structurantes de la philosophie du football français. Avec un grand architecte pour les cimenter entre elles et ainsi former un édifice cohérent : Georges Boulogne.

Il est le papa de la grande famille du football tricolore, de ses institutions et de leur manière de penser. Diplômé en tant qu'entraîneur fédéral en 1943, membre fondateur de l'Amicale des entraîneurs en 1947, instructeur national dès 1956, puis premier directeur technique national en 1970 jusqu'en 1982, le patron du football en France pendant 30 ans, c'était Georges Boulogne !

Ce que l'on doit penser dans le football français, c'est lui qui l'a décidé ! Ce que l'on ne doit pas faire dans le football professionnel français, c'est encore lui qui l'a décidé !

Professeur agrégé et docteur en sciences et techniques des activités physiques et sportives, Laurent Grün a beaucoup

7 • Lors de la saison 2018-2019, on avait, par exemple, marqué 3,47 buts en moyenne par match d'Eredivisie (championnat des Pays-Bas) contre 2,56 par match de Ligue 1 sur la même période (source : Soccerstats.com).

travaillé sur la figure de Georges Boulogne à travers ses nombreuses publications ayant trait à l'histoire de la profession de l'entraîneur en France.

Voici son constat sur l'influence qu'a pu avoir Boulogne sur les techniciens français : « Cet entraîneur français, à partir des années 1950, Georges Boulogne va quand même pas mal le formater. [...] Boulogne ne se vante pas d'être un entraîneur ultradéfensif. En revanche, dans beaucoup de ses écrits[8] sur ce qu'il faut faire et ce qu'il ne faut pas faire, il prône le réalisme, le pragmatisme, le fait que tout doit partir d'une défense solide... Il déteste le football du Stade de Reims, par exemple, les passes courtes, etc. C'est un chantre du football défensif. »

Ses rôles d'instructeur national puis de directeur technique national lui permettent de faire infuser ses idées dans les stages nationaux préalables à l'obtention du diplôme d'entraîneur, bientôt obligatoire pour exercer, que seul lui peut délivrer. Bien sûr, tous les aspirants techniciens français ne partagent pas forcément les idées de Boulogne, mais ils doivent s'y plier pour obtenir le précieux sésame leur permettant de travailler et faire attention à rester dans les clous de la doctrine Boulogne, une fois le diplôme en poche...

Laurent Grün, toujours : « Il a un peu coupé l'herbe sous le pied des entraîneurs pas d'accord avec lui. Parce qu'il y en a qui sortent des stages nationaux en critiquant la doctrine défensive. Je pense, par exemple, à Just Fontaine dans les années 1960.

8 • Laurent Grün a notamment travaillé sur les archives personnelles de Georges Boulogne ainsi que sur *Les Bulletins de l'Amicale des entraîneurs* et *L'Entraîneur au service du football français*, dans lesquels le grand ordonnateur du football tricolore publiait de manière très régulière.

Mais tous les entraîneurs exerçant en France à l'époque, en Division 1, en Division 2, sortent du stage et la grande majorité récite avec application les principes du jeu à la Boulogne. Il n'y a pas que des préceptes négatifs, il y a aussi les notions de sérieux, de rigueur, qui étaient nécessaires à l'époque. Mais, en tout cas, c'est un football majoritairement défensif. Et puis il y avait "la mafia de Boulogne". C'était un peu le jeu des chaises musicales : quand il y en a un qui est viré de Division 1, eh bien, c'est le petit copain du stage qui le remplace. Il y a certaines saisons où c'est vraiment flagrant. »

Just Fontaine, véritable légende du football français[9] et major de sa promotion du stage des entraîneurs en 1962, sera traité avec très peu d'égard lors de sa seconde carrière. La raison ? Des idées de jeu sans doute trop ambitieuses pour le royaume de Boulogne, mais aussi son implication dans le Mai 68 des footballeurs[10] et sa position de président de l'Association française des footballeurs qui en a découlé.

Son passage sur les bancs de touche du football professionnel français ? C'est de cette manière que s'en souvient le grand « Justo » : « J'ai été entraîneur de l'équipe de France, pendant deux matchs (1967), mais je n'étais pas payé, donc ça n'a pas été dur de me renvoyer. On a joué la Russie qui était championne d'Europe et, à la mi-temps, on menait deux buts à un. Fallait voir la gueule des dirigeants ! On menait deux buts à un, mais ils n'étaient pas contents ! Heureusement pour eux, on a perdu, donc ils m'ont renvoyé. [...] Si j'avais gagné la Russie, j'y serais resté un an ou deux. Les joueurs

9 • Meilleur buteur de l'histoire des Coupes du monde avec 13 buts marqués en une seule édition dans l'équipe de France, mais aussi avant-centre du grand Reims des années 1950.

10 • En Mai 1968, des footballeurs professionnels et amateurs (dont François Thébaud, rédacteur en chef du *Miroir du Football*) envahissent le siège de la FFF et retiennent en isolation Pierre Delaunay et Georges Boulogne. Ils protestent contre le contrat standard qui liait les footballeurs à leur club à l'époque.

étaient pour moi. Les dirigeants ne pouvaient pas attaquer mon diplôme d'entraîneur, j'étais sorti major... J'aurais aimé être entraîneur d'un bon club, mais ils avaient peur. Tous les dirigeants ne m'aimaient pas. J'étais président du syndicat, je les emmerdais avec mes menaces de procès[11]. »

Dans le monde de Boulogne, on marche droit ou on en subit les conséquences. Plus encore après le fameux Mai 68 des footballeurs qui aura ébranlé un homme, parfois jugé presque contestataire dans les instances, les années précédentes. On ne critique pas non plus le spectacle, on trouve des motifs de satisfaction pour ne surtout pas donner à manger à ces saletés de journalistes. Car le grand instructeur national va également développer une aversion prononcée pour les gratte-papier, allant jusqu'à les désigner comme responsables des résultats et des contenus désastreux des équipes françaises dans les années 1960[12].

Laurent Grün tente de dresser le portrait médiatique de l'homme fort du football français : « C'est quelqu'un d'assez froid, de peu communicant. Ce n'est pas du tout le chantre de la démocratie participative. C'est un gars autoritaire et une autorité défendante », avant de donner quelques précisions sur les consignes de communication imposées aux entraîneurs : « Il y a des PV de réunion des entraîneurs français dans lesquels il dit très clairement : "Je vous interdis de critiquer le spectacle donné auprès des journalistes, vous devez toujours trouver les côtés positifs du jeu." Jamais un entraîneur ne doit critiquer le jeu d'une autre équipe alors que le niveau est peut-être encore plus pitoyable qu'il ne l'est aujourd'hui... Très hautain également envers les journalistes, donc. Chaque

---

11 • « J'aurais échangé mon record contre quelques années de plus », entretien avec *L'Équipe*, 28 octobre 2015.

12 • « Les responsabilités de la presse dans la crise actuelle du football français sont déterminantes », expliquera Georges Boulogne dans la réunion des entraîneurs de Première Division du 10 septembre 1962.

fois qu'il y en a un qui a le malheur de critiquer le niveau du football français ou le jeu de l'équipe de France, il prend une répartie cinglante de Georges Boulogne. »

Un football pragmatique, corporatiste, vivant avec l'intime conviction d'être persécuté par les médias[13] : voici le leg négatif de Boulogne au football français.

Mais son héritage est loin d'être entièrement sombre. Il a, en effet, beaucoup œuvré au développement du football tricolore, notamment via son rôle plus que central dans la création des centres de formation en France. Ce sont ses directives fédérales qui ont impulsé la création de pépinières de talents un peu partout sur le territoire. « Grâce à Boulogne, on a abouti à la création des centres de formation, et donc de la formation à la française. Mais, effectivement, il n'a pas été reconnu pour ça », précise Grün. « Ça aurait été un mec plus sympa, plus avenant, comme les DTN suivants, Aimé Jacquet ou Gérard Houllier, évidemment, à sa mort, on en aurait fait des caisses dans *France Football* et toute la presse. Mais à cause de son caractère assez détestable, finalement, ce qu'il a fait de positif, ça a été plus que contrebalancé par les aspects négatifs de sa personnalité. Du coup, dans la presse, il y a eu un pauvre entrefilet pour signaler son décès (le 23 août 1999). »

Le rôle central de la formation dans l'œuvre de Georges Boulogne[14] parachève son portrait de parrain idéologique du football français tel qu'on le connaît encore. Formateur donc, mais sans grande estime pour une quelconque philosophie de jeu si ce n'est celle qui est obnubilée par le sérieux et le résultat. Il convient également de citer la filiation possible entre

---

13 • Malgré l'importance déterminante des grandes plumes des années 1930 et 1940 (Hanot, Gambardella, Duchenne) dans la professionnalisation du football.

14 • Ne pas oublier d'autres grands dirigeants avec une importance capitale, mais peut-être moins philosophique et plus structurelle, à l'image de Fernand Sastre par exemple.

de bien tristes polémiques trop souvent croisées dans le football français et les tendances eugénistes de Boulogne[15]...

Certains de ses successeurs au poste de DTN[16] auront, eux aussi, une influence notable, à l'image de Gérard Houllier qui a, par exemple, œuvré pour l'installation d'une méthode d'entraînement (dite « intégrée ») donnant une place plus importante au jeu avec le ballon, mais les bases, les fondations, c'est Boulogne. Les bases négatives et positives.

En 2020, l'habitus d'un match de Ligue 1 est donc tout autant construit, dans ses grandes lignes, par une situation économique dépassant largement le cadre de ses frontières, le monde post-Bosman, que par une formation et un capital technique hérités de la philosophie de Boulogne.

15 • Voir le livre de Thibault Leplat, *Football à la française*, aux Éditions Solar (2016) qui revient plus en détail sur les inspirations de Boulogne, et notamment sur Alexis Carrel.

16 • Georges Boulogne a également été membre du Conseil fédéral à partir de 1985 et vice-président de la Ligue nationale de 1993 à 1995 ainsi que membre fondateur de l'Union nationale des entraîneurs et des cadres techniques du football français (UNECATEF).

LE MIROIR OU QUAND LA PRESSE FRANÇAISE MILITAIT POUR LE BEAU JEU !

« Si vous voulez, la seule chose qui m'intéresse dans le football, c'est le jeu. Après, il y a le résultat, mais j'espère toujours qu'il dépende du jeu... » Ces mots sont ceux de François Sorton, collaborateur du *Miroir du football* et disciple intellectuel de François Thébaud, rédacteur en chef de 1959 à 1976 de la revue, « épine dans le pied » des instances bleu-blanc-rouge du ballon rond. Si, dès les années 1960, ces dernières poussent au maximum vers le sérieux et le rationalisme de l'activité, le *Miroir* offre, à la même époque, un autre reflet de ce sport dont il est fou amoureux et se bat pour défendre cette image du football. Son image du football. Plus qu'une rédaction lambda, la publication s'appuie sur des valeurs, une idée du jeu et un engagement jamais démenti.

« En 1972, j'écris une lettre au *Miroir* sur Fernand Sastre et sa logique de rationalisation du football français, commence Loïc Bervas, autre collaborateur de Thébaud. Je voulais montrer qu'il avait la volonté à tout prix de codifier, de réglementer, de mettre la jeunesse footballistique sous la coupe de l'autorité fédérale et technique, la DTN, quoi. Le mois suivant, je m'attendais à en retrouver au moins des extraits dans la page dédiée au courrier des lecteurs. Je ne trouve rien, j'étais déçu. Mais, en fait, mon article se trouvait en pages normales. » Bervas, en plus de poursuivre dans les années suivantes sa collaboration professionnelle avec le *Miroir*, incarne cette génération de lecteurs bercés aux idées ambitieuses du *Miroir*.

Retrouver de vieux numéros de la revue permet de mieux cerner la ligne éditoriale du défunt mensuel avec des gros plans sur des clubs de divisions inférieures, le traitement de sujets avant-gardistes comme les paris dans le football ou la gouvernance de ce qui n'est pas encore appelé le futsal, sans oublier les considérations tactiques et philosophiques liées au jeu. C'est ainsi que, au détour d'un numéro datant du début des années 1970, on retrouve la plume d'Albert Batteux philosophant sur les réflexions d'après-match de Jean Snella, alors à la tête de l'OGC Nice. « Snella a, dans sa carrière, connu des succès probants, ce qui démontre la valeur de ses conceptions. Il reste qu'il fut toujours très idéaliste et qu'il a toujours rêvé d'un football inspiré, spectaculaire, voire féerique. "Qu'importe", dit-il souvent, "le résultat s'il y a la manière." Et il lui arrivait de penser qu'il valait mieux perdre en jouant bien que le contraire. [...] [La manière de jouer] ne peut être bonne que si elle permet de s'imposer, d'être le meilleur, de marquer plus et donc de gagner. Bonne peut-être, mais belle, mais spectaculaire ? Pour s'imposer, être meilleur et marquer plus souvent, il faut réaliser des combinaisons plus intelligentes, des exploits individuels plus nombreux, avoir une présence plus constante et plus généreuse. Bref, il faut faire tout ce qui fait du football ce qu'il est, ce qui lui donne sa puissance d'attraction, ce qui lui confère son caractère privilégié de sport exceptionnel. »

L'ancien entraîneur du grand Reims continue ainsi sur une pleine page, invitant les lecteurs à ne pas remettre en cause le jeu déployé sur le moyen ou le long terme après une défaite à court terme, etc.

Forcément lorsque l'on a, dans les années 1950, 1960 et 1970, en France, cette ligne de conduite, on n'échappe pas à la confrontation avec Georges Boulogne. Sans même parler de l'épisode rocambolesque du Mai 68 des footballeurs, dans lequel Thébaud participe activement à l'occupation des locaux de la FFF, rue d'Iéna à Paris, il y a un véritable schisme idéologique avec le football à la Boulogne.

« Il y a forcément eu une confrontation entre la vision du foot du *Miroir* et celle de la FFF, très paternaliste, voire autoritaire, mais jamais très démocratique », développe Bervas. « Il y avait encore, dans les années 1960, le contrat à vie, obligeant les footballeurs à être liés à leur club jusqu'à leurs 35 ans, et le *Miroir* est l'une des seules publications à avoir défendu Kopa lorsqu'il a pris position contre cela. La direction technique nationale était composée de sélectionneurs d'un conformisme et d'un autoritarisme incroyables, menés d'une main de fer par l'instructeur national, puis directeur technique national Georges Boulogne. Il incarne cette conception du football. » Il continue en se marrant : « Combien de fois j'ai pu entendre Thébaud se moquer de Boulogne ! En équipe de France, il a sélectionné certains joueurs au test de Cooper ! Uniquement sur leur physique. Ça faisait beaucoup rire François que l'équipe de France junior pouvait avoir de meilleurs résultats là-dessus que des Pelé, des Gerson et d'autres comme ça ! »

Et pourtant, ce ne seront ni les batailles publiques contre la FFF ni de mauvais résultats économiques qui vont faire disparaître cette poche de résistance idéologique au « gagner moche », mais plutôt la pression de l'éditeur du canard qui réclame à l'équipe de Thébaud une ligne plus positive, plus accompagnatrice des résultats, par exemple, d'un Saint-Étienne émergeant sur la scène européenne. Une condition difficilement recevable pour le rédacteur en chef, pas franchement adepte du conformisme. En 1976, c'est la fin de l'aventure pour Thébaud, qui démissionne, et pour l'ensemble de ses journalistes et pigistes, qui décident spontanément de le suivre. Il faudra attendre trois années supplémentaires pour voir le magazine succomber au départ de son âme.

Ce repaire à débats philosophiques et politiques sur le jeu va petit à petit laisser place à une presse sportive plus « neutre », plus dans le suivi, et ce au moins jusqu'à la fin des années 2000 et l'avènement des talk-shows et autres médias d'Internet.

Le moule de la Ligue 1

L'exemple de l'équipe nationale sans les joueurs de l'équipe nationale

« Le beau jeu, c'est gagner. Si vous ne gagnez pas, vous n'avez pas fait le beau jeu. On ne va pas être plus royaliste que le roi. Moi, je viens d'une génération où, après le grand Reims, il y a une coupure terrible... On avait de très bons joueurs, mais on ne gagnait jamais dans les compétitions internationales. Donc, nous, modestement, la nouvelle génération d'entraîneurs, on s'y est penchés, l'entraînement, les considérations tactiques, et on est devenus des compétiteurs comme les autres. » Aimé Jacquet[17]

---

17 • « À voix nues », épisode 3 : « Aimé Jacquet : "Nous sommes des techniciens, les Français. On aime le beau jeu." », entretien en cinq parties sur France Culture, en juin 2006.

De l'importance de la *lose* des années 1960 pour le système Boulogne...

Pour comprendre la légitimité de la méthode de Boulogne dans le football français, il est important de s'imprégner des mots de Jacquet. Le problème, c'est que cette philosophie, physique, ordonnée, presque militaire, ne gagne, dans un premier (long) temps, pas grand-chose. La France devient même une force tout à fait négligeable dans le concert des nations du ballon rond des années 1960 et 1970. Lors de ces deux décennies, les Bleus ne participent qu'à deux Coupes du monde sur cinq possibles pour deux éliminations dès le premier tour en 1966 et en 1978, créant ainsi un complexe d'infériorité prenant le pas sur toute autre considération.

Le grand ordonnateur est même appelé à la rescousse de la patrie en devenant sélectionneur national entre 1969 et 1973. Sans succès. Le bilan de Boulogne à la tête des Bleus est très négatif avec trois compétitions internationales ratées (Mondial 70, Euro 72 et Mondial 74) et quelques raclées mémorables encaissées comme ce 0-5 à Wembley pour son premier match dirigé.

En réalité, dans le monde de l'après-guerre, les succès du ballon rond français portent surtout l'empreinte d'un technicien radicalement opposé au béton : Albert Batteux ! Celui qui était pour Raymond Kopa « le plus grand entraîneur de tous les temps » est une légende ultime du sport français et, peu ou prou, l'antithèse de Boulogne. Tout d'abord, car lui gagne ! Le grand Reims ? C'est lui. L'équipe de France 58 ? C'est encore lui. Le Saint-Étienne multititré de la fin des années 1960 qui renversa même le Bayern Munich sur une confrontation aller-retour ? Toujours lui !

Et en jouant ! Avec une philosophie, pas forcément adepte de la défense en ligne, mais insistant sur un jeu de passes courtes et rejetant la prédominance du physique.

Intellectuel de la joie du jeu, il n'hésitait pas à prendre position pour une certaine idée du football : « Dans le football actuel, on ne jure que par les mots "travail", "rigueur", "discipline". On croirait entendre des chefs d'État ou des ministres. On oublie que le foot implique le jeu, le plaisir de jouer, la technique... Je crois que, ce qui me plairait, c'est de vivre à Grenoble dans un cadre champêtre. De faire des conférences pour la propagande du bon football, de rédiger quelques articles[18]... »

Sa gestion psychologique de ses hommes est également unanimement reconnue et assez avant-gardiste pour l'époque. Bref, une sommité. Un potentiel pour devenir LE maître à penser du football français. Mais, voilà, il ne donne pas assez d'importance au physique, ne fait pas partie des instances dirigeantes du sport et se contentera donc des éloges de ses anciens joueurs, devenus vacataires des bancs.

Robert Herbin prend d'abord sa suite à Saint-Étienne, s'inspire du football total néerlandais[19], injecte une bonne dose de physique et de travail à l'entraînement pour pratiquement faire grimper ses Verts sur le toit de l'Europe. Dans les années 1970, le physique n'est déjà plus négociable au très haut niveau. Boulogne l'avait bien compris, tout comme Menaut qui, à la même époque, introduisait des techniques avant-gardistes à Bordeaux sur le sujet.

---

18 • « Albert Batteux, l'intellectuel du football. L'apogée stéphanoise », *Le Progrès*, 16 août 2020.

19 • Stefan Kovács, entraîneur du grand Ajax de 1971 à 1973, sera également nommé à la tête de l'équipe de France de 1973 à 1975, mais sans grande réussite.

Michel Hidalgo, ensuite. Joueur du grand Reims sous les ordres du grand Batteux (de 1954 à 1957), ancien président de l'Union nationale des footballeurs professionnels (UNFP), il va construire une équipe de France joueuse qui va marquer les années 1980 en s'appuyant sur les fruits de la formation à la française impulsée par Boulogne.

La formation, on y revient, encore et toujours. Mais l'ombre du beau jeu à la française, de l'esthétisme continue de planer sur les réussites du football tricolore… tout en devenant le premier coupable de ses cruelles désillusions ! « Du plaisir au devoir… » Petit à petit, le panache n'est plus apprécié, mais pointé du doigt, il ne permet plus d'adoucir les sévères factures émotionnelles des défaites.

Séville 82 est un sommet du genre. Vous connaissez forcément l'histoire. Les Bleus font danser la méchante Mannschaft en prolongations, mènent trois buts à un en demi-finale de la Coupe du monde par la grâce de leur incroyable talent avant… d'être rejoints puis éliminés aux tirs au but par des Allemands cliniques et cyniques. Un traumatisme national, un presque incident diplomatique qui forcera les chefs d'États des deux nations à publier un communiqué commun.

Les intentions de jeu d'Hidalgo avaient peut-être porté les Bleus à mener trois buts à un en demi-finale de la Coupe du monde puis à s'emparer de l'Euro 84, premier titre majeur de la France sur la scène internationale, mais, pour les partisans du réalisme, du physique, ces intentions auront surtout empêché la France de gagner un premier Mondial.

De l'importance de l'arrêt Bosman pour faire triompher le système Boulogne…

La gagne et la culture du travail… Malgré tous les efforts de Boulogne, à l'orée des *nineties*, le football français semblait toujours manquer de ces deux attributs. La gagne et la culture du travail… Certes, l'OM de Tapie fait alors bouger les lignes, mais de manière parfois, toujours, trop offensive et dans des conditions loin d'être adéquates à l'entraînement[20]. La gagne, OK, la culture du travail, pas trop.

Arrive donc 1996 et l'arrêt Bosman. Le dernier coup de pinceau au rêve de Boulogne, celui d'un football français ultrasérieux, obsédé par la victoire, va venir d'une main étrangère involontaire. Invisible, diront sans doute les amoureux d'économie préférant Adam à Alan Smith. Un penalty injuste pour les amoureux du beau jeu, une opportunité unique de gagner 1-0 pour les autres.

La gagne et la culture du travail, enfin !

En effet, après l'arrêt Bosman, la fuite des talents français vers des championnats à la culture différente, l'Italie principalement, va finir de convertir les Deschamps, Desailly,

---

20 • « Je suis allé chercher Beckenbauer à l'aéroport et je lui ai dit : "Je vais t'emmener là où tu vas travailler tous les jours." Le mec venait de gagner la Coupe du monde et donc je l'emmène à Luminy. T'as des mecs sur le côté en train de lancer le javelot… Il me demande ce que c'est que ces athlètes qui s'entraînent sur notre terrain. Je lui réponds : "Eh bien, on fait moitié, moitié avec eux." Il me regarde avec les yeux écarquillés, il ne comprend pas. Je l'emmène dans le vestiaire où on se changeait tous les jours, mais c'était le mois de juillet. Il y avait une vitre cassée et un lierre qui commençait à entrer dans la pièce. En septembre, le lierre avait envahi l'endroit où on prenait la douche… J'ai compris que ça ne pourrait pas fonctionner pour lui à ce moment-là. » Gérard Gili à Football Club de Marseille : https://youtu.be/C6i8NmKlqVc.

Zidane, Thuram, Djorkaeff au pragmatisme et transformer, pour de bon, le plaisir en devoir.

Personne n'est plus conscient de la dette morale qu'a l'Hexagone envers l'Italie du football que l'incarnation française de la gagne, Didier Deschamps : « Notre génération doit tout au football italien et à ce que nous y avons appris. L'exigence technique et mentale est permanente et largement supérieure à ce que j'avais connu jusqu'ici[21]. »

Si vous n'êtes toujours pas certain, voici une autre déclaration du « plus beau palmarès du football français » : « Je me rappelle la Une de la *Gazzetta*, le lendemain de notre victoire en 1998, ils avaient titré que l'Italie avait enfanté des monstres. Dans le sens positif, bien sûr. Mais, individuellement, je crois qu'on était huit joueurs à être dans des équipes italiennes, à cette période-là, à être confrontés à ces exigences quotidiennes dans cette culture de la gagne… Dans tous les clubs, c'est comme ça, avec un grand professionnalisme. Quand on s'est retrouvés en équipe nationale, ça nous a servi énormément. Ça, c'est une évidence[22] ! »

La Coupe du monde 1998 est un triomphe total pour l'idéologie de Boulogne : des joueurs français talentueux ont gagné sans faire de sentiments, sans tomber dans l'esthétisme, avec une base ultrarigoureuse composée de quatre défenseurs et de trois milieux de terrain. Boulogne a définitivement battu Batteux.

Les Henry (20 ans), Trezeguet (20 ans), Vieira (22 ans) et autres Pirès (24 ans), déjà dans le groupe, prêts à succéder aux titulaires plus aguerris, témoignent, en plus de cela,

---

21 • P. Grand, *Didier Deschamps, face à l'Histoire*, Mareuil Éditions, Paris, 2018.

22 • « Didier Deschamps : "J'ai appris la culture de la gagne à la Juve" », Eurosport, 29 octobre 2018, consultable en ligne : https://www.eurosport.fr/football/deschamps-j-ai-appris-la-culture-de-la-gagne-a-la- juve_vid1134136/video.shtml.

de l'incroyable vitalité de la formation à la française. La plus grande réussite de Boulogne, qui sera bientôt jalousée et copiée dans le monde entier.

Enfin, un entraîneur, Aimé Jacquet, qui fait taire ces sagouins de journalistes de *L'Équipe* ayant eu l'outrecuidance de critiquer sa compétence. Qui en a encore quelque chose à faire du beau jeu lorsque la victoire est au rendez-vous ?

L'épisode Jacquet-*L'Équipe* va marquer un tournant décisif dans les relations entre le cinquième pouvoir et les patrons du foot français. Car, encore une fois, il apparaît que Boulogne avait raison : ils ne veulent que du mal et n'y connaissent rien. Le plus grand tort du quotidien du sport aura été d'attaquer Jacquet sur autre chose que le football en glissant quelques allusions malvenues liées aux origines sociales de l'homme de Sail-sous-Couzan.

Si Jacquet ne pardonnera jamais aux journalistes, la majorité d'entre eux ne s'aventureront plus jamais sur le terrain de la critique du *joga mochito*.

Vingt ans plus tard, c'est sur la chaîne télé de *L'Équipe* que l'on retrouve deux des successeurs de Jacquet, le plus décrié (Domenech) et le plus admiré (Deschamps), en train de défendre une même philosophie, une même manière de penser.

« C'est quoi, le style de jeu ? C'est d'être efficace ! Le haut niveau, c'est être efficace offensivement et défensivement », lance le tout frais double champion du monde en tant que joueur (1998) et entraîneur (2018). Ce qui ne nous a pas empêchés de marquer quatorze buts, dont quatre en finale (lors de la Coupe du monde 2018), ce qui n'était pas arrivé depuis quarante-huit ans. On peut être encore meilleurs ? Oui. L'équipe peut évoluer ? Oui. À travers quoi ? Un peu plus de créativité ? Certainement. Mais la créativité qui ne va pas à l'encontre de ce que l'on sait bien faire », termine le capitaine de la seule équipe française victorieuse de la Ligue des champions sous les acquiescements appuyés du malheureux finaliste de la Coupe du monde 2006. Ne dites plus que le foot français n'a pas de style, son style désormais, c'est de ne pas en avoir, mais d'être efficace !

C'est quoi, le beau jeu ? C'est gagner ! C'est quoi, le style de jeu ? C'est l'efficacité !

Il existe une véritable philosophie française du football qui se transmet d'entraîneur à entraîneur, via les stages nationaux élitistes et difficiles d'accès aux éléments extérieurs, et qui est justifiée par les succès de l'équipe nationale, obtenus grâce aux fleurons de la formation bleu-blanc-rouge, revendus à prix d'or dans toute l'Europe.

La formation ? Enviée et brillante ! L'équipe nationale ? Triomphante après avoir fait mûrir les fruits de ses pépinières à l'étranger. Et la Ligue 1, alors ? Et notre Angers-Reims ? Eh bien, lui aussi doit composer avec cette philosophie de jeu, mais sans ses meilleurs joueurs, sans doute vendus lors du dernier mercato. Les triomphes de deux (formation et équipe nationale) des trois étages de la pyramide du football français professionnel protègent sa philosophie, ses principes de jeu de toute remise en cause. Les conditions économiques difficiles, et réelles, suffisent, derrière, à masquer l'ensemble des carences du football de club. Il n'y a pas à chercher plus loin ni à changer grand-chose.

Voilà comment et pourquoi, en gros, je me retrouve un samedi soir de plus à guetter la moindre frappe cadrée, le moindre frémissement des tribunes, la moindre raison de continuer à rester devant mon écran. Allez, finie la plongée dans les archives, place aux acteurs et à leurs explications !

2

L'enfer du diplôme

L'impossible sésame à obtenir sans avoir été pro...

Est-il réellement nécessaire de revenir ici sur les griefs régulièrement adressés à la formation des entraîneurs de football professionnel en France ? S'il faut insister sur un point en particulier, c'est la consanguinité du milieu professionnel, ne laissant aucune place aux outsiders.

« Oh, on m'a poussé à passer mes diplômes alors que je n'en avais pas franchement envie... » « J'ai passé mes diplômes au cas où... » Avouez-le !

Vous avez déjà entendu ça dans la bouche d'un glorieux néoretraité en interview !

Là où des techniciens œuvrant en quatrième ou en cinquième divisions nationales depuis des décennies doivent espérer un petit miracle pour intégrer les prestigieuses sessions du brevet d'entraîneur professionnel de football (BEPF), voire du brevet d'entraîneur formateur de football (BEFF) ou du diplôme d'État supérieur (DES), il y a les autres, poussés à y aller « au cas où », pour l'après-carrière.

Afin de simplement postuler à l'obtention du plus haut diplôme national, le BEPF, la condition initiale, « être ou avoir été entraîneur de l'équipe première d'un club non professionnel opérant au niveau national durant cinq saisons sportives », a la même valeur que « justifier d'au moins 150 matchs en tant que joueur professionnel en Ligue 1 » ou « être ou avoir été au moins dix fois joueur ou joueuse "international A" de la Fédération française de football ». Et encore, ces trois conditions préalables à l'entrée en session BEPF n'ont la même valeur qu'en théorie. Dans les faits, avoir accumulé les matchs de Ligue 1 ou les sélections nationales paraît être bien mieux valorisé.

Dans un article publié en 2016 dans la revue de sciences sociales *Formation Emploi*, Jean Bréhon, Hugo Juskowiak et Loïc Sallé démontraient, chiffres à l'appui, que, entre 2002 et 2014, 73 % des stagiaires reçus au BEPF avaient, au préalable, mené des carrières de footballeurs professionnels longues (soit au moins plus de neuf saisons entre Ligue 1 et Ligue 2)[23].

Ah, le corporatisme ! Encore l'ombre de Boulogne ? Forcément un peu, mais pas que. Et peut-être aussi, dans un premier temps, vraiment dans l'intérêt du football français, comme l'explique Laurent Grün. « Au départ, le corporatisme peut parfaitement se comprendre parce que, jusque dans les années 1960, le football français professionnel est encore dans une sorte d'amateurisme qui ne dit pas son nom avec des présidents qui veulent se mêler de la composition d'équipes et des joueurs contents de faire ce boulot, mais qui ne s'investissent pas à 100 % dedans. C'est-ce qu'on appelle

---

23 • « Entraîneur de football professionnel : itinéraire d'un joueur gâté ? », vol. 136, n° 4, 2016, p. 55-77.

"la famille du football français" qui va prendre conscience de cet état de fait et bâtir alors, dans cet entre-soi, des bases plus solides, se coopter même, mais toujours afin de faire avancer les choses puis de les protéger. Le problème, c'est que, par la suite, ils vont rester dans ce corporatisme et qu'ils vont parfois prendre de mauvaises décisions dans le souci de protéger leur "famille". »

En 2020, le football français est surprofessionnalisé, mais s'étouffe dans un corporatisme rendu désuet par la vitalité des contre-exemples à son modèle en Allemagne, en Italie ou au Portugal. Il est temps d'évoluer ! En commençant par ouvrir les portes au monde amateur ?

Lors de la session 2020-2021, quatre entraîneurs issus de la N2 sont ainsi admis, mais... ils présentent tous les quatre (Loïc Lambert, Xavier Collin, Cris, Éric Chelle) de sérieuses carrières de joueurs au plus haut niveau professionnel ! Sans référence cramponnée au plus haut niveau, les formateurs issus de clubs pros ou les entraîneurs de réserves de clubs pros parviennent également à se frayer fréquemment un chemin vers le Graal. Puis il y a l'exception de la session, l'entraîneur amateur, au C.V. long comme le bras dans les divisions inférieures, qui, au mérite et à l'effort, finit par être intégré. En 2020-2021, il s'appelait Alain Pochat et avait déjà besoin, depuis quelque temps, d'une dérogation pour pouvoir entraîner en National 1. En 2019-2020, il s'appelait Pascal Moulin, seul diplômé issu du monde amateur (Jura Sud, N2).

« Moulin : « *maintenant que j'ai ce diplôme, il faut que je développe un réseau, les places sont chères.* »

Vous avez donc été accepté à la session du BEPF 2019-2020, c'était votre quatrième essai, non ?

Pascal Moulin : Oui, c'est bien ça.

Est-ce qu'on vous a donné les raisons des refus, les trois fois précédentes ?

Pascal Moulin : Non, je n'avais pas vraiment eu de retours. Après, je savais qu'il y avait beaucoup de candidats. J'étais déçu, particulièrement lors de mon troisième essai, mais il me semble que, cette année-là en particulier, il y avait beaucoup de coachs de National retenus, donc c'est peut-être ça qui avait joué en ma défaveur...

Entre la quatrième et la cinquième divisions, plusieurs montées en National, d'autres diplômes obtenus au préalable, vous avez finalement une vingtaine d'années d'expérience en tant qu'entraîneur, et pourtant cela a été très difficile pour vous d'entrer en formation pour le BEPF. Il n'y a pas un sentiment d'amertume lorsque l'on voit d'anciens pros n'ayant pas forcément la vocation ou l'envie de devenir coachs y accéder très facilement ?

Pascal Moulin : Non, mais vouloir prouver ou, en tout cas, montrer que j'étais capable d'entraîner à un certain niveau pendant un certain nombre d'années, c'était aussi la manière dont je voulais me construire en tant qu'entraîneur. Qu'il y ait certaines facilités pour d'anciens pros ou d'anciens internationaux, bon, c'est comme ça...

Mais, sincèrement, je n'ai pas d'animosité particulière par rapport à ça, pas de jalousie, en fait. Pour tout vous dire, je n'ai pas le temps pour ça et je n'ai pas envie de perdre mon temps pour ça. Maintenant, j'ai eu la chance d'avoir cette formation, elle m'a beaucoup apporté. J'ai la chance d'avoir vingt ans d'expérience dans le management des hommes et, ça, ça ne s'achète pas. Je suis frais et dispos pour aller entraîner en professionnel, mais, maintenant, il faut que je tombe sur un président ou un directeur sportif qui ose prendre quelqu'un avec mon parcours...

Est-ce qu'il vous est arrivé, précédemment, d'avoir un contact avec un club pro qui n'a finalement pas abouti parce que vous n'aviez pas le diplôme ? Est-ce que, maintenant que vous avez le diplôme, vous avez vu des portes s'ouvrir à vous ?

Pascal Moulin : Oui, ça m'est arrivé, notamment il y a deux, trois ans, j'étais en discussion assez avancée avec un club de National qui, finalement, n'a pas donné suite parce que je n'avais pas le diplôme. Ça l'a freiné. Maintenant, j'ai ce diplôme, il faut que je développe un réseau parce que, malgré tout, les places sont chères.

En ce qui concerne les contacts supplémentaires que m'a apportés ce diplôme, j'ai notamment été approché par un cabinet d'agents et d'avocats qui me suivait depuis quelques années en National 2 et qui a franchi le pas une fois que j'ai intégré le BEPF. Il savait déjà ce que j'avais fait dans le monde amateur, mais le fait que j'intègre le BEPF leur a prouvé ma grande volonté d'entrer dans le monde professionnel.

C'est vraiment un parcours du combattant parce que, si vous n'avez pas le diplôme, c'est difficile d'aller voir au-dessus, si vous n'avez pas « un nom », c'est difficile d'aller au diplôme et, même si vous avez des résultats dans les divisions inférieures, ça peut ne pas suffire... sans oublier le prix exorbitant du BEPF (27 100 euros) ! Est-ce que, vous, vous avez déjà payé de votre propre poche pour vous former ?

Pascal Moulin : Bon, c'est vrai que, quand vous arrivez d'un club professionnel, généralement, votre formation est prise en charge par le club. Alors que, moi, je me suis débrouillé tout seul pour trouver des aides et, le reste, je l'ai payé de ma poche.

Mais, en même temps, ça me permet d'être indépendant par rapport à ça. Tous les diplômes que j'ai passés depuis le début de ma carrière, je les ai payés avec mes propres deniers. De cette manière, je ne dois rien à personne et on ne pourra pas me dire plus tard : « Ah ben tiens, on t'a payé ton diplôme et, maintenant, tu t'en vas... »

Est-ce que vous avez l'impression que le monde amateur et, notamment, le championnat de National 2 sont assez valorisés dans notre football ?

Pascal Moulin : Non, il n'est pas assez valorisé. Pour la simple et bonne raison que, pour les entraîneurs en National 2, entraîner, c'est leur métier à plein temps ! Ce sont des managers avec une vraie expérience, une vraie expertise qui n'est pas forcément assez mise en avant ni assez bien valorisée, financièrement parlant. Je sais à peu près où est la fourchette pour un poste comme ça dans un club de National 2...

Et puis, médiatiquement aussi, puisque l'on parle souvent de football « semi-pro », mais non ! Parce que, à 90 %, ces clubs-là ne font que du foot ! Les mecs n'ont pas tous le statut de joueur pro, voire de joueur fédéral, mais quand on sait comment est vu le statut de joueur fédéral par les instances... C'est déjà tellement ambigu...

Le championnat, généralement, n'est pas assez valorisé. Mais c'est aussi parce que, en France, on n'est pas encore passé à la troisième division professionnelle simplement parce que certains clubs de Ligue 1 ne veulent pas partager...

Au final, on en revient à un cercle assez fermé : des dirigeants de club ne voulant pas partager avec les amateurs, une formation d'entraîneur difficile d'accès si l'on n'a pas déjà « un nom »...

Pascal Moulin : Eh oui... Par exemple, je trouve que Habib Beye est un excellent consultant et, maintenant, il veut devenir entraîneur. C'est très bien parce qu'il va au feu contrairement à d'autres... Là, en ce moment, il est en train de passer le DES, mais il n'a pas d'équipe, il n'a pas entraîné avant ! Je connais des entraîneurs qui galèrent pour entrer au DES alors que ça fait 10 ans qu'ils entraînent en National 3 et en R1, mais il leur est impossible d'aller en National 2 sans ce fameux DES.

Et encore, le DES, il y a 60 candidats, le BEPF, il n'y en a que 10 ! Moi, au BEPF, pour mes entretiens d'entrée, il y avait Guy Lacombe au jury. C'est lui qui s'est battu pour que je sois là parce que je l'avais convaincu pendant ces entretiens. Quand, par la suite, il m'a expliqué en tête-à-tête pourquoi il voulait que je sois là et pourquoi je méritais d'être là... Franchement, ça vous booste par rapport à tout ce que vous avez pu faire avant et ça vous donne de l'énergie pour les quinze années qui arrivent !

C'est tellement dur d'y rentrer, mais, ensuite, le contenu de la formation... il est vraiment tip-top ! On parle beaucoup de la formation de nos joueurs, mais la formation des entraîneurs est très bonne, elle aussi.

3

Le cas Casanova

Quand les intentions de jeu se heurtent au moule de la Ligue 1…

En août 2018, un match amical oppose le Toulouse Football Club à Crystal Palace. Au bout de cinq minutes de jeu, Jean-Baptiste Jammes, fondateur du site LesViolets.com, se tourne vers son collègue en tribune de presse et l'interpelle : « Mais c'est quoi, ça ? On est sûrs que c'est bien le TéFéCé de Casanova ? »

« On ouvre le score, on joue merveilleusement bien, vraiment football champagne ! Mais derrière, patatras ! Tu en prends quatre… », se souvient encore celui qui officie également sur Fun Radio dans un tout autre rôle depuis plus d'une décennie.

Les passionnés de Ligue 1 et de Jour de Foot connaissent forcément, au moins de nom, celui qui fut l'entraîneur principal du club de la ville rose de 2008 à 2015 avant de rempiler une saison de plus entre 2018 et 2019. 338 matchs dirigés sur le banc des Violets, mais beaucoup plus de résumés de trois minutes, le samedi soir, que de grandes affiches, le dimanche soir. Il a donc fallu médiatiquement répertorier l'ensemble de son œuvre sous une étiquette pour le téléspectateur. Va donc pour « entraîneur défensif typique de la Ligue 1 ». Après tout, c'est comme ça qu'il s'est fait connaître en arrachant une qualification européenne dès sa première saison dans ses nouvelles fonctions (quatrième en 2008-2009).

Et pourtant, la réalité est un peu plus complexe.

« Si je devais résumer l'œuvre de Casanova au TFC, je dirais que, jusqu'au début des années 2010, c'est une volonté plutôt défensive, illustrée notamment par sa première année où il s'appuie sur un bloc bas et un André-Pierre Gignac exceptionnel pour contrer. Cependant », continue J.-B. Jammes, « il y a ensuite eu une vraie volonté de jouer, de relancer de derrière, d'avoir des joueurs techniques comme Manu Garcia ou Óscar Trejo. Un schéma technique à trois derrière qu'il impulse lui-même, qui fonctionne temporairement, mais qui, malheureusement, ne tient pas dans la durée parce qu'il faut toujours en revenir à assurer le maintien, redonner confiance aux joueurs et faire avec un recrutement franchement limité… »

Car, oui, tous ceux qui ont pu approcher un minimum l'ancien entraîneur du RC Lens, de la saison 2016-2017, n'hésiteront pas à vous vanter sa passion pour le jeu et sa grande curiosité à l'égard de ce qui se fait tactiquement en Espagne ou en Italie. Il fut aussi l'un des rares entraîneurs français à souligner positivement les idées de jeu de Marcelo Bielsa lors de son passage en France plutôt que de le réduire à un phénomène médiatique.

Mais, voilà, il faut bien constater les faits : son TFC, malgré quelques éclaircies au niveau du spectacle, a majoritairement ennuyé, comme si les intentions initiales positives du patron de l'équipe s'étaient systématiquement heurtées au « moule de la Ligue 1 » et aux résultats à court terme exigés dans le football professionnel.

Plutôt que de disserter seul sur le sujet, je suis donc parti poser mes questions à Casa, ce cas si caractéristique de notre championnat.

“ Casanova : « Je suis un féru du jeu ! »

Si je vous dis que la Ligue 1 est un championnat ennuyeux, qu'est-ce ça vous inspire ?

Alain Casanova : Je pense que, comme dans de nombreux championnats, en Italie ou en Espagne par exemple, on a des matchs de bon niveau et d'autres de moins bon niveau. Après, il y a les championnats comme en Allemagne ou en Angleterre où il y a un critère qui fait la différence par rapport à cette notion de spectacle, c'est l'intensité qui est mise.

Elle est mise par l'environnement, par le public. Elle est mise aussi par la culture, notamment des Anglais, qui ont toujours eu des joueurs mettant beaucoup d'intensité dans leur manière de jouer, dans leur manière de courir, dans les intentions qu'ils avaient. Quelquefois, ça donne donc des matchs qui sont très spectaculaires, qui font penser que ce sont des championnats plus excitants et de meilleure qualité que la Ligue française.

Mais, au niveau de la Ligue française, je pense qu'il y a beaucoup de progrès qui ont été faits. Les entraîneurs ont aussi progressé grâce à leur formation, à leur culture, à leurs connaissances. Grâce aux entraîneurs étrangers aussi, qui sont venus en France. Il y a eu une prise de conscience générale due aux nombreuses réclamations faites sur le niveau de jeu.

Maintenant, je ne pense pas que la Ligue 1 soit moins spectaculaire que d'autres ligues. Je regarde beaucoup la Ligue espagnole par exemple, et il y a beaucoup de matchs qui ne sont pas meilleurs que ceux de Ligue 1.

Vous parlez d'intensité. Il est vrai que, dans certaines affiches, à l'image du Marseille-Lyon de 2019 (2-1), les supporters peuvent ressortir satisfaits de leurs protégés parce qu'ils ont constaté un engagement total, même s'il n'y a pas eu pléthore d'occasions en leur faveur. À quoi est donc dû ce manque d'intensité que l'on retrouve généralement en Ligue 1 ?

Alain Casanova : Ce qui peut amener cette notion d'attentisme, c'est la préoccupation tactique, quand on veut absolument gérer les matchs sur le plan tactique… La tactique va souvent à l'encontre de l'intensité. On est plus dans le contrôle, dans la gestion. Par rapport à l'Allemagne, par exemple, où un match peut plus facilement se terminer sur un score de six à cinq et où il y a moins de contrôle, moins de gestion des espaces. Ça donne des matchs très ouverts où on insiste peu sur le plan défensif.

Alors que, en France, en Italie, les championnats insistent beaucoup sur la notion d'équilibre, sur la notion d'anticiper les transitions défensives et d'être très bien placé dans tous les moments du jeu. Je pense que c'est cette notion tactique qui fait la différence.

Pour vous, qu'est-ce qu'un spectateur vient voir en priorité dans un match de football ?

Alain Casanova : En priorité, le supporter vient voir son équipe gagner. C'est la première des choses. La seconde, c'est assister à un bon match de son équipe, je dis bien : de son équipe. C'est encore mieux.

Mais, avant tout, il a envie de voir son équipe gagner et, après, il a envie de voir son équipe bien jouer. Je pense qu'ils vous diront aussi qu'ils ont envie de voir des buts marqués, mais des buts marqués par leur équipe. Je crois que ce sont ces trois critères qui sont importants lorsqu'ils vont voir leur équipe au stade.

Revenons un peu sur votre cas personnel et plus particulièrement sur vos huit années au TFC. Quel bilan en tirez-vous ?

Alain Casanova : Je suis quelqu'un de très positif, donc j'essaie toujours de tirer du positif de mes expériences. Ma maxime, c'est : « On apprend de tout ce que l'on fait », autant de ce que l'on réussit que de ses échecs. Les échecs permettent de ne pas s'endormir et de réfléchir à ce que l'on peut faire pour s'améliorer encore.

Juste un aparté, mais... quand j'étais jeune, le foot, c'était déjà ma passion ! Et ça reste une de mes passions. Ça fait quarante ans que je suis dans le football de haut niveau, donc je ne peux que remercier la vie du parcours que je peux avoir. J'ai été joueur professionnel alors que, petit, j'en rêvais à peine. J'ai connu de grands moments dans ma carrière de joueur. Ensuite, j'ai été entraîneur adjoint pendant treize années, puis numéro un avec de bonnes choses et de moins bonnes.

Donc, aujourd'hui, oui, je ne vois que du positif, même si je ne suis pas encore à l'heure du bilan et que je veux encore regarder devant moi plutôt que derrière. Mais, vraiment, toutes ces expériences m'ont rendu meilleur sur le plan humain, meilleur sur le plan professionnel.

« Il y a beaucoup d'équipes qui s'en sortent par une très bonne organisation, par un très bon état d'esprit plutôt que par leur qualité technique.

Je voulais revenir avec vous sur l'étiquette d'« entraîneur défensif » qui vous colle à la peau. Vous êtes pourtant quelqu'un avec des idées, qui en a souvent parlé et qui a même innové en France, tant au niveau de la méthode d'entraînement qu'à celui du système tactique. Qu'est-ce qui n'a pas marché ? C'est le matériel à votre disposition qui ne vous a pas permis de mettre en place ce que vous vouliez ?

Alain Casanova : J'ai toujours et j'aurai toujours cette volonté de faire du jeu. Mais, si vous voulez, il n'y a pas toujours la possibilité de... comment dire... Ce n'est pas de mettre en place ces idées, mais... il faut que le contexte intérieur et extérieur les accepte bien.

J'ai eu, cependant, de nombreuses équipes avec lesquelles j'ai ressenti beaucoup de plaisir dans le jeu et où mes idées étaient partagées par le groupe. On avait des satisfactions sur le plan du jeu et sur le plan des résultats.

L'étiquette d'entraîneur défensif ? Vous savez très bien, puisque vous êtes journaliste, que, à partir du moment où on vous colle cette étiquette, ça devient très difficile, plus encore à l'époque des réseaux sociaux et de l'information amenée par différents programmes, différents journalistes, de s'en débarrasser.

Pour moi, pourquoi elle a existé, cette étiquette d'entraîneur défensif ? C'est que, quand j'ai repris l'équipe du TéFéCé en 2008, les deux premières années, on a été deux fois la meilleure défense du championnat, avec un style de jeu qui ne correspondait pas tout à fait à ma philosophie. Je reprenais une équipe qui avait été à cinq minutes de descendre, la saison précédente, il fallait donc d'abord être très costaud sur le plan défensif. Je voyais la construction de cette équipe comme la construction d'une maison. Dans un premier temps, de très bonnes fondations et, petit à petit, la capacité de l'améliorer pour que ça devienne une très bonne équipe sur le plan du jeu. Je pense que cela n'a pas été compris par tout le monde et a été véhiculé par certains journalistes, et notamment un, très influent, qui a fait que cette étiquette est toujours restée.

Même si, en conférence de presse, je suis quelqu'un de très mesuré, moi, je suis un féru du jeu ! Mon idée, c'est toujours d'avoir le ballon, de l'avoir un maximum de temps pendant les quatre-vingt-quinze minutes que va durer le match. De le récupérer le plus rapidement possible et, ensuite, de poser des problèmes à l'équipe adverse à partir de ce ballon. Pas à partir de la récupération, mais à partir de la possession du ballon.

Après, quand on a une étiquette, qu'on est catalogué comme ça, je pense que c'est peine perdue de se battre contre ce jugement-là. Ce n'est en tout cas pas mon cheval de bataille.

Mon intérêt, c'est de m'améliorer sur le plan du jeu, à partir d'un groupe de joueurs qui m'est donné et de mettre en place mes idées. Mais, si je n'ai pas les joueurs pour repartir de derrière comme j'aime le faire, eh bien, j'essaierai de les améliorer. Si je n'y arrive pas, je changerai momentanément cette manière de faire. Je ne suis pas un ayatollah du style : « De toute façon, ce sont les joueurs qui doivent s'adapter à ma façon de faire » ! Je cherche tout le temps à m'adapter aux possibilités du groupe de joueurs que j'aurai.

Lorsque vous reprenez cette équipe qui a failli descendre, la nécessité de résultat s'impose donc à vous avant vos idées de jeu. Cette nécessité de résultat existe partout en Europe. Mais, en Ligue 1, elle me semble se traduire par une volonté de piéger d'abord l'adversaire plutôt que de lui imposer un style de jeu. Êtes-vous d'accord avec ce point de vue ?

Alain Casanova : Oui, mais je pense que ça a un rapport avec l'aspect tactique et aussi avec le niveau que l'on a dans son équipe. Il y a beaucoup d'équipes qui s'en sortent par une très bonne organisation, par un très bon état d'esprit plutôt que par leur qualité technique, notamment. Ces équipes s'en sortent très souvent par l'organisation et l'état d'esprit.

Mais il y a des contre-exemples qui montrent aussi qu'on doit être capable de produire un jeu de qualité qui va vous permettre de prendre du plaisir et de gagner des matchs avec des joueurs qui sont obligatoirement inférieurs à ceux des plus grosses équipes.

L'exemple ne viendrait-il pas de l'équipe de France ? Didier Deschamps est un gagneur exceptionnel, on est bien placés pour le savoir à Marseille, mais, avec l'équipe de France, c'est un peu ça, aussi. L'état d'esprit, puis se baser sur le talent de quelques individualités…

Alain Casanova : Pardon, je vous coupe, mais je ne pense pas, non. Je pense que c'est très réducteur de le cataloguer comme ça parce que, si vous voulez, pour lui, c'est pareil.

Lui aussi, il a une forme d'étiquette, mais avec une protection. Ce sont les résultats qu'il a eus, les titres qu'il a eus, qui font qu'on s'attaque très peu à lui ou de manière très prudente. On a l'image de quelqu'un qui est très pragmatique, il l'est sûrement comme beaucoup d'entraîneurs, mais quand j'entends que c'est quelqu'un qui a beaucoup de réussites, très peu d'idées sur le plan du jeu…

Je pense que c'est quelqu'un qui, sur le plan tactique, est l'égal des plus grands entraîneurs. Sur le plan du jeu, il est capable de montrer énormément de choses. Il y a énormément de richesses dans sa recherche, dans ce qu'il peut mettre en place.

Maintenant, attention. Au niveau des sélections, citez-moi une sélection qui est vraiment capable de produire du jeu dans la continuité ? Quand vous récupérez les joueurs, le mardi, qu'ils viennent de jouer en club le dimanche précédent, comment voulez-vous mettre en place un travail tactique qui va leur permettre d'avoir une continuité dans le jeu, deux ou trois jours plus tard ? C'est très difficile, mais je pense que Didier Deschamps, partout où il est passé, a gagné. Il a su mettre en place des choses sur le plan du jeu, sur le plan de l'état d'esprit, sur le plan de la mentalité, sur le plan de l'identité, je pense que c'est quelque chose de remarquable.

Je pense également qu'il a accompli de grandes choses et, de plus, j'apprécie la clarté de son message dès le départ. On sait d'entrée pourquoi il est là, ce qu'il va faire, et il le fait de manière admirable.

Mais j'ai l'impression que ça sert aussi d'exemple à beaucoup de coachs français qui ne disposent, en revanche, pas des meilleurs joueurs de France. Comme si, en Ligue 1, on essayait de reproduire du Didier Deschamps, mais avec des joueurs qu'il faut former ou post-former...

Alain Casanova : Mais tout dépend de la mentalité et de la philosophie que vous avez ! Vous avez des entraîneurs de résultats qui sont là pour apporter ça dans un club parce qu'ils pensent que c'est ce qu'ils ont dans leurs gènes. Ils savent que leur survie en dépend.

Et puis il y a d'autres entraîneurs, j'en fais partie. Ceux qui ont aussi une philosophie de formateur. Moi, j'étais dans un club formateur et ma mentalité était celle-là dès le départ. Même si j'adore la compétition, j'adore avoir des résultats, mais je suivais la politique de jeunes à l'intérieur du club. J'ai essayé de les promouvoir en équipe première, au niveau de l'entraînement, puis dans le grand bain au niveau de la compétition. Je pense aussi que les joueurs, jusqu'à la fin de leur carrière, il est possible de les améliorer. Il est possible de les faire progresser et c'est notre devoir.

Ça devient même vital de valoriser de jeunes talents étant donné la configuration économique du championnat. Frédéric Hantz[24] *expliquait, par exemple, que, pour lui, à l'heure du bilan de fin de saison pour un entraîneur en Ligue 1, il fallait prendre en compte le nombre de joueurs vendus et leur valorisation au cours de l'exercice écoulé. C'est le contexte économique qui prend le pas sur le terrain, non ?*

24 • « Aujourd'hui, il y a un élément important : c'est la valorisation de l'actif. Nous, on a envie de faire progresser un joueur, mais, appelons un chat un chat, la direction, elle veut faire quoi ? Faire du pognon avec des joueurs. Prenons le cas de Philippe Hinschberger à qui j'ai succédé à Metz. Ismaïla Sarr est vendu 17 millions d'euros en fin de saison après une montée et un maintien avec lui... C'est grâce à lui que ses joueurs ont pris de la valeur, mais on n'en parle jamais. Et lui n'est pas payé sur la vente ! » Frédéric Hantz, Canal +, 19 h 30 Sport, 2018.

Alain Casanova : Oui, tout à fait, mais il y a une seule chose qui va faire que vous allez rester crédible, que vous le vouliez ou pas, ce sont vos résultats. Toulouse est un club formateur qui doit promotionner des jeunes et les vendre mais, en même temps, c'est un club qui doit avoir des résultats. Dès que les résultats sont moindres, le public, le club est mécontent. Il faut réussir à concilier les deux et ce n'est pas évident.

Tout le monde n'est pas le même type d'entraîneur, encore une fois. Il y a des entraîneurs capables de s'inscrire dans un projet comme ça et d'autres, non. Didier Deschamps, même s'il est capable de lancer des jeunes, même s'il est capable de révéler des joueurs du centre de formation, je pense, avant tout, que c'est un très grand compétiteur qui pense comme les Italiens, comme quand il était à la Juve.

« *Avoir une identité de jeu ne vous protégera pas de la pression.*

Étant donné vos moyens, vos résultats au TFC étaient tout à fait corrects. Mais maintenir Toulouse dans le ventre mou du championnat semble avoir lassé tout le monde au bout d'un moment. Ce n'était pas suffisant ?

Alain Casanova : Je pense que les gens, au bout d'un moment, ont envie d'avoir les meilleurs résultats possible en fonction du passé du club en Ligue 1, mais aussi en fonction de la grandeur de la ville. Un club comme Toulouse, quatrième ville de France où l'on fait toujours référence à Airbus, on a l'impression que son équipe devrait être au-dessus. Dans les trois, quatre premiers.

Alors que, pour être dans les trois, quatre premiers, il faut avoir des budgets qui ressemblent à ceux de Marseille, de Lyon ou de Paris. Il faut aussi avoir une culture que le TFC n'a pas encore. Et puis il faut être capable de garder ses meilleurs joueurs. Les gens se lassent vite et vous êtes rapidement sous pression. À ce moment-là, avoir une identité de jeu n'est pas suffisant. Elle ne vous protégera pas de la pression.

En 2008-2009, avec une équipe solide, on a terminé quatrième, mais j'ai l'impression que les gens ne s'en souviennent pas, que cela n'a pas eu une grande importance...

Est-ce qu'on n'éduque pas trop le supporter à ne se préoccuper que des résultats ? N'y a-t-il pas une éducation au foot à revoir ?

Alain Casanova : Je pense que l'éducation, c'est très important. Souvent, je l'ai pensé et reproché : l'éducation au football des supporters n'est pas assez bien faite par rapport à d'autres pays où le football est mieux lu, mieux apprécié, mieux anticipé.

C'est le cas notamment de l'Espagne, pour ce que je connais, où, tactiquement, le supporter de base a des notions sûrement plus importantes que le Français. C'est quelque chose à revoir et à améliorer.

Parce que c'est une vision assez triste finalement de se contenter du résultat, surtout à l'heure où, nous, les médias, on multiplie les talk-shows... À quoi ça sert si on peut se contenter d'un tableau de résultats ?

Alain Casanova : Mais, si vous voulez, quand je parle d'un manque de culture globale du supporter, j'inclus aussi les journalistes. Je pense que beaucoup de journalistes parlent sans savoir, aussi bien des journalistes de formation que des consultants qui ont pu être joueurs, mais des joueurs qui n'ont pas forcément eu de formation avant de s'exprimer.

Il y a beaucoup de journalistes qui n'ont pas le savoir qu'ils devraient avoir, qui déplacent donc le débat sur d'autres terrains et qui ont parole d'évangile alors que ça ne devrait pas être le cas…

Je voulais revenir avec vous sur une autre étiquette que vous avez eue pendant un moment, celle du « monsieur périodisation tactique en France ». Cette méthode d'entraînement a été inventée par un universitaire au Portugal. Il y a de très jeunes gens et des personnes parfois étrangères qui deviennent coachs en Allemagne, en Italie… Mais le système de formation des entraîneurs en France rend impossible ce genre de trajectoires et d'innovations. Le football français ne vit-il pas en autarcie et ne devrait-il pas un peu s'ouvrir ?

Alain Casanova : La manière d'entraîner, c'est comme la manière de jouer : tout est respectable et tout est valable pour avoir des résultats. Moi, j'ai une philosophie de jeu proche de celles de certains entraîneurs et moins de celles d'autres. Pourtant, les deux identités ont des résultats.

Je me sentirais plus proche d'un entraîneur qui aime avoir la possession du ballon, écrire le jeu à partir du ballon comme Maurizio Sarri ou Pep Guardiola, plutôt que d'autres qui jouent plutôt à partir de la récupération avec une rigueur, un état d'esprit, par exemple Diego Simeone ou José Bordalás à Getafe. Pourtant, cela n'empêche pas ces deux derniers d'avoir des résultats presque inespérés par rapport à d'autres clubs.

La manière d'entraîner, c'est exactement pareil. Moi, j'ai des convictions par rapport à la périodisation tactique, mais je ne vais jamais prétendre que cette manière d'entraîner est meilleure que les autres. Elle me convient à moi et je pense que, par rapport à ce que je veux mettre en place, par rapport à mon identité de jeu, c'est la meilleure, mais... pour moi !

Je discutais récemment avec Albert Émon qui me disait que son passé d'ancien joueur avait pu lui jouer des tours dans sa carrière d'entraîneur[25]*. La majorité des entraîneurs français sont justement d'anciens pros. Les joueurs français sont donc habitués à certaines choses et j'ai l'impression que, lorsqu'ils voient débarquer quelqu'un voulant faire quelque chose de différent, ça peut être difficile. Cet « innovateur » peut être confronté à un certain...*

Alain Casanova : Hermétisme ! Oui, mais je l'ai connu positivement et négativement. On est dans un pays où l'exigence, la rigueur, ce n'est pas notre force.

Dans ma méthode d'entraînement, il y a un mot qui est très important, c'est : tactique. La périodisation tactique, c'est une méthodologie très globale. Il n'y a rien qui est morcelé, rien qui est individualisé. Sur un plan tactique, il y a une grosse charge permanente : votre modèle de jeu, votre attitude quand vous avez le bal-

25 • « Est-ce que je n'ai pas été trop malléable avec les joueurs en tant qu'entraîneur ? Oui, parce que j'étais un ancien joueur. Et je suis trop sensible à ça. On veut tellement de bonnes choses pour les joueurs qu'on en devient... presque con. » Albert Émon à Football Club de Marseille, 10 février 2020, consultable en ligne : https://youtu.be/LoFS7alhD-g.

lon, quand vous n'avez pas le ballon... Et tout ça, c'est travaillé tous les jours. Cela peut être pesant. Il y a des groupes qui l'acceptent très bien et d'autres, plus difficilement, notamment dans les périodes où les résultats sont un peu moins bons. Il faut être capable de tenir la ligne, mais ce n'est pas toujours évident pour le groupe de joueurs comme pour l'encadrement.

« Et le joueur français, quand il vient à l'entraînement, il n'a pas envie d'avoir trop de rigueur.

Dans les yeux des joueurs, la crédibilité et la capacité à être convaincus disparaissent vite dès que les résultats ne sont plus là, non ?

Alain Casanova : Mais bien sûr ! J'ai été frappé par quelque chose, une réflexion de l'un des plus grands joueurs du monde que je respecte énormément, c'est Eden Hazard. Il a eu à Chelsea l'un des plus grands entraîneurs au monde pour moi : Maurizio Sarri.

Quelqu'un de très pointilleux sur le plan tactique. Tout est au millimètre. Et à l'entraînement : de la tactique tous les jours ! Eh bien, je sais qu'Eden Hazard ne l'a pas très bien vécu et lui ne considère sans doute pas Sarri comme l'un des plus grands entraîneurs. Là aussi, je respecte son avis et je pense que ce facteur-là entre dans notre discussion. Il y a des joueurs qui vont bien accepter votre méthode, il y en a d'autres qui vont moins bien accepter le fait que vous ayez une approche très tactique.

Sarri a été un entraîneur avec un style spectaculaire et très identifiable à Naples, tout comme a pu l'être Bielsa à Marseille. Mais leurs approches sont très dépendantes du gros travail qu'ils demandent à l'entraînement. Si les joueurs commencent à lâcher au premier mauvais résultat…

Alain Casanova : Oui, c'est très dur parce que le joueur, ce dont il a envie, c'est de se faire plaisir. Jouer et se faire plaisir aux entraînements, c'est enlever une certaine rigueur, une certaine discipline, une certaine part de la tactique. C'est ce qu'Albert Émon vous disait d'une certaine manière.

La ligne défensive de Sarri par exemple, ce sont des heures et des heures de répétition. À partir du moment où elles sont acceptées par le groupe, elles vont apporter des résultats. Mais à partir du moment où c'est moins accepté, comme ça a sans doute été le cas à Chelsea, ça crée de la tension entre le groupe et le staff technique.

Le joueur français, quand il vient à l'entraînement, il n'a pas envie d'avoir trop de rigueur. Ce n'est pas son fort, la rigueur. Quand vous arrivez à l'imposer, à la transmettre, ça amène des résultats.

Y a-t-il des problèmes tactiques récurrents que vous aviez identifiés en Ligue 1 et que vous n'avez pas réussi à régler par rapport à l'adversaire ?

Alain Casanova : Je pense que la France, comme l'Allemagne ou l'Angleterre, c'est un pays où ce qui est très important sur le plan tactique : c'est la gestion des transitions. Pour une équipe qui veut avoir le ballon, qui veut attaquer, c'est la gestion des transitions.

Comment on va être organisés lorsque l'on va perdre le ballon ? Et comment on va réagir tout de suite quand la transition va s'amorcer ?

En France, la plupart des équipes ont une grande capacité à transiter très vite offensivement en créant des attaques rapides ou des contres très difficiles à gérer. Il faut être capable de donner un équilibre à votre équipe lui permettant d'être bien placée quand elle va perdre le ballon et de très bien réagir à ce moment-là, pour essayer de le récupérer ensuite le plus rapidement ou essayer de gérer le mieux possible cette transition défensive.

C'est quelque chose que j'ai toujours beaucoup travaillé. J'ai toujours eu une équipe, jusqu'à l'arrivée de Bielsa à Marseille d'ailleurs, qui était dans les trois meilleures dans la réaction à la perte. Les transitions donc, et les coups de pied arrêtés aussi. Ils ont une très grande importance en France.

Cette maîtrise des transitions demande également une grande concentration et une grande implication de la part de tous les joueurs à tout moment…

Alain Casanova : Bien sûr, mais c'est ça, trouver l'équilibre ! C'est quand vous êtes en train d'attaquer qu'il faut se préparer à la transition défensive, pas quand on a déjà perdu le ballon. Être capable de maîtriser les espaces, être capable de maîtriser les adversaires et de ne jamais en laisser un avec de l'espace et de la liberté quand vous êtes en train d'attaquer.

C'est là où entre en jeu l'aspect mental. Si un joueur vient de perdre plusieurs matchs, il croit un peu moins à ce que vous lui demandez de faire… À ce moment-là, le mental prend le dessus sur la tactique et votre travail passe un peu à la trappe, non ?

Alain Casanova : Oui, mais il n'y a pas que le mental, il y a aussi la capacité intellectuelle, la réflexion tactique que peut avoir le joueur. Vous savez, il y a des joueurs, vous pouvez les faire travailler, jour et nuit, ils auront toujours des difficultés dans la compréhension du jeu. Ils auront des difficultés dans la réflexion tactique. C'est quelque chose qu'il faut essayer d'améliorer, là aussi, au quotidien.

Est-ce plus facile de développer la capacité tactique d'un jeune joueur plutôt que celle d'un joueur avec plus de bouteille ?

Alain Casanova : Ça dépend du joueur et de la mentalité que vous allez avoir en face de vous. Il y a des jeunes qui sont hermétiques à l'aspect tactique et il y en a d'autres, c'est tout l'inverse. Pareil en fin de carrière. Je prends l'exemple d'un joueur comme Yannick Cahuzac que j'ai eu, il y a quelques années. Je pense que, tactiquement, il s'est retrouvé dans ma manière de faire les choses, de voir le football. Il a une réflexion qui, malheureusement pour lui, n'avait peut-être pas été développée jusqu'alors. Il a pris beaucoup de plaisir à travailler avec moi.

Le mot de la fin ?

Alain Casanova : Pour un entraîneur, le plus important, c'est de réussir à mettre en place ce que l'on a envie de faire. Mais, malheureusement, on est tous dépendants des résultats. Je pense que le mot « résultat » est l'un des mots que l'on a le plus employés depuis qu'on a commencé cette discussion.

Alors qu'à la base on voulait parler de jeu, de spectacle, on finit par parler de résultats...

Alain Casanova : Mais bien sûr, parce que les résultats ne sont pas importants seulement par rapport à vos dirigeants, aux supporters, à l'extérieur, mais aussi par rapport à vos joueurs, à votre groupe. Plus vos résultats sont positifs, plus il va être possible de faire travailler vos joueurs. Et puis, en tant qu'entraîneur, vous souffrez énormément dans la défaite. Il me faut vraiment trois, quatre jours pour me remettre d'une défaite. L'entraîneur souffre dans la défaite, pour lui et pour son équipe.

4

Édouard Cissé

Le joueur français et son environnement...

Durant quinze ans (1997-2012), Édouard Cissé a mené avec un certain brio la vie de joueur de foot professionnel[26]. Pas le plus physique, pas le plus technique, mais pas loin d'être le plus intelligent. Un intervenant de choix donc pour parler du comportement de son ancienne corporation à l'entraînement.

Dans le cadre de mon activité pour Football Club de Marseille, j'ai l'occasion de le « recevoir »[27] lors d'une émission où il est grandement question de son passage à l'OM.

26 • Il est notamment passé par trois des plus grands clubs français, le PSG, Monaco et l'OM, et a fait deux détours par l'étranger (West Ham en 2002-2003 et Besiktas entre 2007 et 2009).

27 • Émission tournée en plein confinement et donc à distance, malheureusement.

Pendant plus d'une heure, il me vante les mérites de Didier Deschamps, l'importance de gagner quelque chose et disserte avec plaisir de l'incertaine notion d'amour du maillot.

Autant dire que, lorsque je lui demande de rester avec moi après l'émission pour parler beau jeu et Ligue 1, je m'attendais plutôt à ce qu'il défende notre beau championnat, et pourtant...

“ Cissé : « C’est pas parce que tu défends à dix que tu défends bien. Non, ça, c’est juste chiant. »

Bon je suppose que, toi, tu ne trouves pas la Ligue 1 si ennuyeuse ?

Édouard Cissé : Non, non, la Ligue 1, c’est ennuyeux !

Attends, tu viens de me faire l’éloge du style de Deschamps, c’est un peu comme ça que toutes les équipes de Ligue 1 veulent jouer, non ?

Édouard Cissé : Didier Deschamps, il a une grosse équipe, c’est différent. T’as une grosse équipe, t’es obligé de gagner parce que t’as les joueurs pour gagner, tu as les supporters qui attendent que tu gagnes et, enfin, tu as le président qui t’a ramené pour gagner.

Moi, ce qui me dérange en Ligue 1, c’est lorsque tu vois des petites équipes aller au Parc pour bétonner. Tu vas perdre, donc amuse-toi ! Tu as neuf chances sur dix de perdre, donc amuse-toi ! Libère tes joueurs, ne leur fais pas croire que c’est en bétonnant que tu vas bien défendre. C’est pas parce que tu défends à dix que tu défends bien. Non, ça, c’est juste chiant.

C’est là où je me dis que c’est ennuyeux, c’est là où je me dis qu’il y a de la malhonnêteté. Peu importe l’entraîneur que tu es, tu leur dis : « Écoutez, sur notre feuille de route, on ne les avait pas mis les trois points au Parc, donc régalez-vous ! C’est de la récompense, régalez-vous ! En revanche : jouez ! Faites-vous plaisir ! Vous en prenez trois, quatre ? Pas grave, mais au moins on y aura été en essayant de les mettre en difficulté. »

Parce que bétonner pour bétonner, ne pas te faire plaisir et en prendre trois quand même...

En fait, j'ai l'impression que le spectacle n'a aucune espèce d'importance en France...

Édouard Cissé : Disons que ce n'est pas intégré à la réflexion... Ceux qui ont eu la chance de partir à l'étranger ont compris que les supporters avaient un poids. Didier Deschamps, par exemple, a été en Italie, donc il avait cette notion de gagner, bien sûr, mais aussi de respecter le maillot.

Il y a cette idée que les supporters peuvent comprendre que, oui, tu t'es adapté sur le match, t'as perdu, mais t'as quand même tout donné. Les supporters sont quand même venus. Il n'y a jamais eu l'idée : « S'ils ne sont pas contents, ils n'ont qu'à pas venir. » Jamais.

Le supporter, même s'il est chiant, s'il crie, s'il siffle, malgré tout, il s'est déplacé ! Il paie sa place, il vient au stade depuis 10 ans, 15 ans...

Justement, toi qui as joué à l'étranger, le fond des consignes données par les entraîneurs était-il différent ?

Édouard Cissé : Oui. En Turquie, il fallait faire plaisir aux supporters et, comme on était au Besiktas, gagner ne suffisait pas. Il fallait bien jouer. C'était vraiment ça, la notion essentielle.

L'Angleterre, c'est un peu pareil même s'il n'y avait pas beaucoup de jeu, pourtant on avait une superbe équipe quand j'étais à West Ham. Un paquet de superbes joueurs : Joe Cole, Glen Johnson, Michael Carrick... Mais, non, en fait, en y pensant, à West Ham aussi, il fallait faire plaisir aux supporters. Il fallait bien jouer pour les supporters. Ils étaient très importants. En France, c'est différent... On a un rapport aux supporters qui est quand même... différent...

« *Le joueur français, en France, c'est l'enfant gâté. À l'étranger, le joueur français, c'est l'enfant qui est invité dans une famille de potes et qui est gentil, poli.*

Et tu confirmes ce truc du joueur français qui s'entraîne moins bien en France qu'à l'étranger ?

Édouard Cissé : Bien sûr, le joueur français, en France, a un syndicat de joueurs, c'est l'enfant gâté. L'enfant roi. À l'étranger, le joueur français, c'est l'enfant qui est invité dans une famille de potes, qui est gentil, poli et qui mange de tout. Tu vois un peu l'idée ? On n'est pas bien éduqué en France.

En Angleterre, la première chose qui m'a marqué, quand je suis arrivé dans le vestiaire de West Ham, c'est qu'on ne se serre pas la main. On fait un petit geste de la main avec un « Hi ! ». Il y avait même deux vestiaires séparés parce qu'on était un peu trop nombreux. L'entraînement, il est à 10 heures ? À 10 heures, tu es sur le terrain. Tu fais ton entraînement, à 11 h 30, tu as fini, point barre, tu rentres chez toi. Ils sont tous bons, donc tu ne vas pas te plaindre. Tu n'es pas materné, tu es responsabilisé.

On te paie : sois professionnel ! Tu n'es pas professionnel ? Pas grave, un autre va prendre ta place. En France, si tu es envoyé en réserve, c'est grave ! Hop, UNFP !

Même chose avec ces histoires d'amende. Tu sais ce truc de « si tu arrives en retard, tu paies une amende » ? En France, elle est trop élevée ? Hop, UNFP ! À l'étranger ? J'en ai pris, des amendes... Cinq minutes seulement de retard ? T'as signé la charte ? Tu paies ! T'as raté l'avion ? Il ne fallait pas rentrer à Paris ! On te l'avait dit ou pas que l'entraînement était à 17 heures ? En France, on essaie toujours de gratter des petites choses, à l'étranger, t'as pas le droit.

Ta voix, elle ne compte pas. Elle est comme les autres.

Et puis en France, financièrement, on a l'impression que le joueur et sa valeur marchande sont beaucoup plus importants que l'entraîneur qui doit les mettre au pas. On a tous en tête cette image de Mickaël Landreau marchant vers le bureau de son président pour demander la tête de Loïc Amisse, son entraîneur...

Édouard Cissé : Déjà en Angleterre, l'entraîneur gagne plus d'argent. Il n'y en avait pas beaucoup qui gagnaient plus que lui. En France, tu vois le poids d'un entraîneur à son salaire. Il n'y a pas beaucoup de joueurs qui ont le salaire d'un Mourinho ou d'un Guardiola.

En France, si tu as la moitié du vestiaire qui touche plus que toi... Tu sais comment ça fonctionne... T'es pas respecté, et puis tu peux ne pas avoir de poids par rapport au président.

Villas-Boas, lui, est respecté parce qu'on lui met un petit chèque intéressant... Si tu es un entraîneur français et que tu gagnes quatre fois moins... Bon...

C'est un rapport de forces qui se construit également au moment de la négociation du contrat. J'ai beaucoup entendu : « Oui, mais Bielsa à l'OM, on lui a tout donné. » Mais Bielsa a demandé un milliard de trucs, il exige certaines choses. Sinon, il ne vient pas. Villas-Boas, c'est pareil. Les entraîneurs français, pas vraiment...

Édouard Cissé : T'as raison, on a l'impression que les mecs ne proposent pas leurs services, ils attendent qu'on leur propose un truc, qu'on aille les chercher. La démarche est totalement différente.

Les étrangers savent très bien négocier, que ce soit Bielsa ou Villas-Boas. Ils savent très bien négocier parce qu'ils n'ont pas besoin d'argent. Dans une négociation, tu n'as pas forcément ce que tu mérites, mais ce que tu négocies.

L'entraîneur français type veut coacher, c'est tout. Il veut juste un poste, il ne réfléchit pas à l'environnement. Est-ce qu'il va pouvoir s'épanouir ? Les entretiens d'embauche des entraîneurs français, c'est quoi ?

Le président te reçoit et te demande : « Mourad, quel type de jeu allez-vous promouvoir ? » Toi, tu lui réponds : « Moi, franchement, j'aime le jeu. Ce qu'on veut, c'est communier avec le public et tout ça et tout ça. » Alors qu'en fait tu n'aimes pas du tout ça et, sur les quatre saisons que tu as faites avant, tu bétonnes comme un enfoiré.

Et là, le directeur sportif va peut-être dire : « Oui, mais il a fait une saison où ça jouait pas mal sur deux, trois matchs », et personne ne se demande si ce mec va vraiment coller avec ton club. Les entraîneurs français disent oui à tout. Je ne sais pas trop pourquoi, mais il y a un truc qui ne va pas… Comme un conditionnement, une conformité à avoir.

Parce que, globalement, sur vingt entraîneurs français, ils vont tous se ressembler. C'est terrible ! Et ils vont être là : « Oui, oui, mon collègue qui n'est pas mal… » Arrête ! Tu n'en penses pas moins… À un moment, il faut amener un peu de panache !

C'est pour ça que Mourinho, on l'a apprécié tout de suite. Quand il est arrivé, c'était un ovni !

Tu peux très bien être toi, mais quand même dire des choses ! « Oui, mais on ne critique pas l'équipe. » Mais tu es entraîneur ? Ton équipe a fait de la merde, tu peux quand même dire que t'es déçu de ton équipe. Sans les foudroyer.

5

Le cas Hantz

Bastia et la valorisation de la culture locale

Le football français aime fredonner cette rengaine facile, liant les critiques du public contre les entraîneurs bleu-blanc-rouge aux louanges, forcément injustifiées, pour les techniciens étrangers. Le problème ne se pose pas en Corse.

« Hantz, ça a été notre Bielsa ! », pose d'entrée Anthony Luciani, supporter invétéré du SC Bastia. « J'aime beaucoup Bielsa et c'est pour ça que je te le dis parce que, franchement, Hantz a laissé une trace extraordinaire ici ! » La comparaison est flatteuse, ou non, selon votre degré d'admiration pour le mage de Rosario, mais elle a, dans tous les cas, le mérite de balayer d'un revers de la main la théorie victimisante à l'égard des coachs français et d'offrir, par la même occasion, une idée de la cote de popularité du natif de Rodez sur l'île de Beauté.

Julien Pernici, journaliste pour la radio locale Alta Frequenza resitue le contexte de mai 2010, date de l'atterrissage d'Hantz à Bastia. « Le club est dans une situation extrêmement délicate, même pas sûr de reprendre en National, finalement repêché à la dernière minute, mais Hantz n'a pas peur. Très rapidement, il y a ses premiers contacts avec les supporters qui sont excellents, et notamment avec le CSB, le comité des supporters bastiais, qui, à l'époque, était autour du club et organisait des réunions publiques. Hantz y a été convié, y a participé et a pu échanger avec plusieurs centaines de supporters, et je crois que c'est à partir de là que les supporters bastiais ont accroché. Ils ont eu l'impression qu'il comprenait le club et la culture dans lesquels il était arrivé. »

Anthony Luciani enchaîne : « Mais, Mourad, il faut que tu comprennes, il remplissait le stade en National ! Il y a des personnes qui faisaient de longues heures de route rien que pour voir son équipe ! Il y a sa fameuse phrase : "Je ne signe pas en National, je signe au SC Bastia", qui nous a plu, mais tout le monde peut faire de grands discours. Lui, on sentait que c'était sincère, mais, surtout, il nous a décomplexés sur le terrain ! »

Sur le terrain justement, quelque chose se crée sous la férule de celui qui restait pourtant sur deux expériences mitigées à Sochaux et au Havre. Il relance la machine, ravive la fierté de ses passionnés.

2010-2011 : Bastia est sacré champion de National 1.

2011-2012 : Bastia est sacré champion de Ligue 2.

2012-2013 : Bastia se maintient, 12e, avec 50 buts marqués en 38 journées.

2013-2014 : Bastia se maintient, 10e, avec 42 buts marqués en 38 journées.

« Attention, il ne faut pas non plus faire d'Hantz un chantre du beau jeu ! », tempère Pernici. « Mais disons qu'il y avait quand même quelques matchs où ça jouait très, très bien offensivement, où il y avait de l'action. Surtout lorsqu'il avait des joueurs adaptés à son 4-2-3-1, un système qu'il ne changeait pratiquement jamais. Après, sur la première saison de Ligue 1, je trouve que cette équipe avait un jeu assez séduisant, assez offensif. »

Un certain allant, des résultats, mais finalement et surtout une équipe qui comprend ses tribunes et interagit avec elles ! C'est la théorie que défend Luciani : « Il avait tout compris à Bastia, et son équipe savait donc composer avec une bonne agressivité. Parfois, il devait s'adapter aux joueurs qu'il avait, et ce n'était pas toujours très technique, mais il a réussi à jouer avec les Corses ! Tu connais ce genre de match, cadenassé, l'équipe adverse défend bien... t'as besoin d'une étincelle pour réveiller le match ! Et Hantz le savait ! Ton attaquant se prend un tacle et, d'un coup, toute l'équipe va dans le camp adverse et là... c'est Furiani qui rugit ! Ça chauffe un peu, l'équipe adverse perd le contrôle et, cinq, six minutes après, il y a but ! Il a su profiter de la force de ce club, on n'avait pas les moyens financiers pour rivaliser, mais il a su décupler nos forces ! »

À entendre Anthony vibrer de la sorte lorsqu'il parle de son ancien entraîneur, il n'est pas difficile de comprendre que la plus grande réussite d'Hantz à Bastia, c'est d'avoir su valoriser la culture du club. C'est de cette manière qu'il a rendu de l'attractivité à ce totem si singulier du football français et de la fierté à des supporters qui continuent de chérir, six ans plus tard, le souvenir de ce sentiment de plus en plus rare dans le football moderne...

Hantz : « Un supporter vient d'abord chercher une affinité avec l'équipe ou avec les joueurs ! »

Si je vous dis que la Ligue 1 est un championnat ennuyeux, qu'est-ce ça vous inspire ?

Frédéric Hantz : Non, de manière catégorique, non ! La Ligue 1 n'est pas ennuyeuse ! Je pense que c'est l'un des championnats les plus complets. L'Italie peut être très tactique, l'Espagne, très dans le jeu court, l'Angleterre, très pragmatique et l'Allemagne, euphorisante, mais je trouve que le championnat français est l'un des plus complets. On y trouve tous les aspects du foot, ce qui n'est pas forcément le cas ailleurs.

Et puis il y a de la place pour tout le monde : des équipes avec de grandes stars, des équipes avec beaucoup de joueurs formés au club, mais toujours avec des entraîneurs très bien formés. Ça aussi, ce n'est pas le cas dans tous les autres pays. Après, on est peut-être un peu trop marqué par une formation inspirée de France 98 avec, je dirais, des valeurs de cohésion d'équipe, d'aspect défensif… Mais chacun fait son chemin et chacun peut aller vers ce qui l'intéresse après la formation.

Pour moi, le problème, quand je regarde le championnat français, n'est pas lié à la qualité du jeu, mais à celle du joueur. Tu vas avoir des éclairs *fuoriclasse* en Italie, des exploits individuels en Espagne, en Angleterre ou en Allemagne, moins en France. Mais, d'un point de vue collectif, tu vas avoir des équipes complètes en France. Les joueurs étrangers qui viennent en Ligue 1 le reconnaissent…

Mais...

Frédéric Hantz : Après, je comprends que rien qu'à l'image... Rien qu'à la structure des stades... En Angleterre, même un match pourri, il est bien ! Parce que les stades sont des vrais stades de foot. Et ça, c'est très important.

On peut même parler des images de la télé, plus brillantes, plus colorées en Angleterre...

Frédéric Hantz : Bien sûr, surtout qu'aujourd'hui on est dans un monde d'images, et cet aspect visuel imprègne beaucoup les gens d'une sensation de qualité de jeu ou pas. Quand tu vois, comme trop souvent en France, un stade de mauvaise qualité, des tribunes que tu ne vois parfois même pas, eh bien, forcément, ça dégrade la qualité du jeu... Aujourd'hui, on a des structures en France, mais elles ne sont pas toujours bien entretenues... J'ai vu des matchs de deuxième division anglaise où le niveau peut parfois être moyen, mais tu as un stade plaisant, une pelouse impeccable et, forcément, ça crée un autre spectacle. Une autre qualité de spectacle.

Pour vous, qu'est-ce qu'un spectateur vient voir en priorité dans un match de football ?

Frédéric Hantz : Dans un club ?

Justement, si je dis simplement « spectateur », c'est pour vous laisser à vous le soin d'y mettre ce que vous voulez dedans...

Frédéric Hantz : Je pense qu'il vient d'abord chercher une affinité avec l'équipe ou avec les joueurs. Une proximité. En général, un supporter d'un club connaît les joueurs, parfois même physiquement. Il vient d'abord chercher ça, le fait de voir le mec qu'il a croisé à l'entraînement, dans la rue. Quelque part, c'est son joueur, c'est son équipe. Puis il y a la partie qui concerne son attachement à l'histoire du club. Si c'est un adulte, ça peut le ramener à des souvenirs d'enfance et, ça, c'est super important. Si c'est un enfant, il va découvrir tout ça avec des yeux écarquillés, peut-être même se projeter dans des rêves qu'il va faire en étant là, dans ce stade, devant ce match. C'est ça pour moi, un supporter.

Et si c'est un spectateur, bon, là, il y en a de toutes sortes.

Justement, ces autres types de spectateurs, qu'est-ce que vous pensez qu'ils attendent d'un match de foot ?

Frédéric Hantz : Franchement, ça, c'est hypervarié. T'as le spectateur qui va juste regarder une affiche parce qu'il faut la regarder pour pouvoir en parler le lendemain au boulot.

T'as le spectateur qui va regarder un match parce qu'il aime une équipe. Il peut avoir grandi à Brest, mais aimer Reims et donc vouloir regarder Reims. Peut-être même qu'il aime juste la ville au-delà du foot.

T'as le spectateur qui va regarder parce qu'il veut voir un joueur. Franchement, je pense qu'il y a autant de raisons de se mettre devant la télé pour un match qu'il y a d'hommes et de femmes...

« *Avec les supporters, il faut accepter la critique, mais anticiper l'entente !*

Pour en revenir à la figure du supporter, c'est marrant parce que vous êtes la première personne à qui je pose cette question qui me réponde avec des arguments d'identification à l'équipe. On m'a surtout parlé jusqu'ici de victoires pour le supporter ou de jeu et de spectacle pour le spectateur...

Frédéric Hantz : Les matchs à l'extérieur montrent pour moi que le supporter ne vient pas que pour voir son équipe gagner. Quand tu as des supporters qui se sont déplacés à l'autre bout de la France et que, même si tu perds le match, tu vas les saluer, je ne dirais pas qu'ils sont contents, mais ils t'en veulent moins, quoi...

Alors que, si tu gagnes un match, mais que tu ne vas pas les saluer, ils ont l'impression que tu ne les intègres pas à la famille.

Vous avez déjà cité l'importance de l'exemple de France 98, de meilleurs joueurs qui quittent rapidement le championnat... Ce sont justement ces deux variantes qui créent, à mes yeux, ce contexte global incitant à ne pas prendre de risques en Ligue 1. En fait, entre une formation et des sélections triomphantes, le « cocu » du football français, c'est la Ligue 1 finalement...

Frédéric Hantz : Oui, franchement, je n'aurais pas employé de meilleurs mots. C'est exactement ça, que l'on soit supporter, journaliste, président... Le constat ne peut pas être autre !

C'est intéressant ce que tu dis par rapport à la formation. On gagne prudemment, il y a une excellente formation, mais on perd nos meilleurs attaquants et on fait avec ça. C'est ça, la réalité du championnat.

Comment peut-on remédier à l'ennui de ses supporters qui, pourtant, donnent tant pour leur club, notamment via leurs déplacements… ?

Frédéric Hantz : Non, après, là, je te reprends. C'est quelque chose de très important et qui a vu le jour tout récemment : les supporters sont devenus des acteurs médiatiques. Et ça, c'est dangereux pour les supporters eux-mêmes.

Que les supporters soient intégrés à la vie du club et au spectacle, c'est tout à fait normal. Mais que l'on donne aux supporters des pouvoirs qui dépassent… je ne dirais pas leurs attributions puisqu'ils n'en ont pas d'officielles… mais qui dépassent la logique de ce que devrait être un supporter, là, ça devient embêtant. Ces derniers mois, en France, on a quand même assisté à beaucoup de scènes où, dans des clubs en crise, les joueurs étaient obligés d'aller parler aux supporters après le match.

Est-ce que les gens se rendent compte de ce que c'est que de jouer un match de Ligue 1 ? L'intensité et la concentration que ça demande dans la semaine avant le match puis durant le match… ? Toute cette énergie et cette émotion que tu es obligé de mettre… ? Et, après une défaite, cette énorme déception, puisqu'aucun joueur n'aime perdre, que ces personnes qui essaient de faire leur travail du mieux possible doivent aller se justifier… ? Juste après, en plus… J'ai envie de dire ce n'est pas le moment ! On va me parler de l'argent que les footballeurs touchent, mais ça ne rentre pas en compte dans ce contexte-là bien particulier.

C'est souvent un manque d'envie, d'ennui ressenti qui est reproché dans ces moments compliqués…

Frédéric Hantz : Il y a un travail pédagogique qui doit être fait auprès des supporters. En revanche, il est fondamental, dans cette relation naturelle entre supporters, joueurs et dirigeants, de créer des points de rencontre ! Même en cas de crise, peut-être pas tous les jours, mais très régulièrement… deux, trois, quatre fois par saison. Il faut faire un point et discuter avec les supporters pour qu'ils comprennent. Très souvent, ils se révoltent parce qu'il y a un cloisonnement entre le terrain et le monde extérieur. Ce cloisonnement, il n'a pas lieu d'être…

Moi, j'ai toujours été très à l'aise avec les supporters parce que je suis intègre et je fais mon métier du mieux possible. Le plus respectueusement possible, le plus sérieusement possible, le plus loyalement possible. À partir de là, même si tu perds dix matchs d'affilée, ça ne me dérange pas d'aller discuter avec les supporters, à un moment précis, c'est-à-dire autour d'une table où l'on vient pour ça, où l'on est concentré sur ça, où l'on a préparé cette réunion. Ça, je l'ai fait à Bastia et à Montpellier, et c'est quelque chose de très, très important. Il faut sensibiliser les joueurs et les dirigeants à ça, à aller à ces rencontres, il faut accepter la critique, mais anticiper l'entente.

Ces débordements dont on parlait au départ, je pense qu'ils arrivent dans des situations où il y a des blocages de communication ou, pire, des mensonges, mais on ne dupe pas les supporters… Sur le jeu, tu peux les duper involontairement parce que ton équipe ne donne pas ce que tu veux, mais tu ne peux pas duper les gens dans la relation. Être bon en communication, oui, c'est important, mais ce n'est pas le plus important. Le plus important, c'est le fond, quoi ! Être sincère dans ce que tu dis.

Utiliser des mots flatteurs, mais qui sont faux, c'est l'une des pires choses à faire...

Une ligne de conduite pas simple à tenir pour des joueurs de plus en plus individualistes, de plus en plus dans la « comm »...

Frédéric Hantz : Le problème du football aujourd'hui, c'est qu'il faut mettre de l'énergie partout. Il faut accepter que les joueurs soient devenus individualistes... Le joueur à la base est bon, il est sain. Ce qui le dénature, c'est la pression, l'entourage, les proches, les agents...

C'est ça qui transforme leur individualisme de base, qui peut être bon, car il ne fait plus d'eux des moutons, en égocentrisme ou même en peur. Tout part du développement des réseaux sociaux, il y a une dizaine d'années, qui a fait disparaître le secret de vestiaire. L'esprit du foot, l'esprit des clubs en a été bouleversé. Après, soit tu te dis « ah ça fait chier », soit tu t'y adaptes.

Informer correctement le supporter, la gestion des réseaux sociaux des joueurs, tout cela semble plutôt relever de l'organisation générale. Pourtant, j'ai l'impression que ça va souvent retomber sur les épaules de l'entraîneur en France...

Frédéric Hantz : On peut me dire ce que l'on veut, mais, globalement, en tempérant avec la règle des 80/20, disons qu'à 80 % les plus courageux dans un club, ce sont les entraîneurs. Un capitaine va comprendre le fonctionnement d'un club, un président ou un directeur sportif, encore plus, mais qui aura le courage d'assumer tout ça ? C'est l'entraîneur !

La réponse à ta question est là, mais elle est dramatique pour le football français. Ça arrange tout le monde : le président, les joueurs, le personnel du club que ce soit l'entraîneur qui aille au front sur tous les dossiers. Bon, ce n'est pas toujours ça. Moi, dans mes expériences, ça a souvent été ça, mais ça dépend du club dans lequel tu es...

Ce genre de problématique n'existe pas dans les très grands clubs. Parce que l'institution a compris que l'entraîneur doit être, si ce n'est protégé, au moins accompagné dans certains domaines et que tout le monde doit avancer ensemble.

Mais est-ce que l'on n'encourage pas ça non plus dans la formation des entraîneurs ? Puisque l'on n'a pas de formation de président de football, de directeur sportif, qu'il y a parfois des novices complets qui débarquent à ces postes, forcément, l'entraîneur est celui qui est envoyé en première ligne dans ce contexte-là...

Frédéric Hantz : Oui, mais après, tu ne changes pas les cultures. Est-ce qu'en Angleterre tu entends un président prendre la parole ? Jamais. En France, c'est que ça !

On l'a vu avec la crise de la Covid-19 et l'arrêt du championnat français. J'ai trouvé les entraîneurs très dignes sur ce sujet, à part un qui a dit n'importe quoi. Ils se sont pliés aux règles, d'abord de l'institution française puis de la Fédération. Alors que les présidents de clubs, eux, sont partis dans tous les sens avec, en tête de file, notre ami lyonnais (Jean-Michel Aulas). Quel exemple... La crise de la Covid-19 a été le parfait exemple de ce qu'est le football français : une institution faible avec des présidents qui n'ont, pour la plupart, pas de vision...

« *Aujourd'hui j'ai envie de dire que, dans 80 % des clubs français, ton premier métier, c'est de valoriser des joueurs.*

En 2018, dans une émission pour Canal+, vous aviez déclaré : « Aujourd'hui, il y a un élément important : c'est la valorisation de l'actif. Nous, on a envie de faire progresser un joueur, mais appelons un chat un chat. La direction veut faire quoi ? Faire du pognon avec des joueurs. Prenons le cas de Philippe Hinschberger à qui j'ai succédé à Metz. Ismaïla Sarr est vendu à 17 millions d'euros en fin de saison après une montée et un maintien avec lui... C'est grâce à lui que ses joueurs ont pris de la valeur, mais on n'en parle jamais. Et lui n'est pas payé sur la vente ! » Ça me paraît très vrai, mais d'un autre côté très triste, parce que ça veut dire que la vision du président a pris le pas sur celle de l'entraîneur, non ?

Frédéric Hantz : Oui, mais ça, il faut l'intégrer. Moi, j'ai commencé à entraîner en 1998, la belle année, puis je suis entré dans le monde professionnel en 2004. Il y a 15 ans, c'était déjà un peu le cas. En plus, moi, j'ai commencé dans un club (Le Mans) qui était vraiment dans le trading. Au départ, le club forme des joueurs, d'abord pour les faire jouer en équipe une, mais tu es très vite rattrapé par la patrouille et la tentation de les vendre.

Aujourd'hui, j'ai envie de dire que, dans 80 % des clubs français, ton premier métier, c'est de valoriser des joueurs. « Le premier », je vais peut-être un peu loin, mais disons premier ex aequo avec le fait d'atteindre les objectifs en fonction de ton budget. « Dis-moi ton budget, je te dirai ta place. » Si tu as le quinzième budget de Ligue 1, que tu termines quinzième et que tu as valorisé des joueurs pour 10-15 millions d'euros, eh bien, tu es le meilleur entraîneur ! Pourtant, si tu es quinzième, c'est que tu as perdu pas mal de matchs et on va donc se demander tous les samedis, tous les dimanches : mais qu'est-ce qu'il fait ?

Ça, les présidents le savent. Pendant l'année que j'ai faite à Montpellier (janvier 2016-janvier 2017), quand je suis arrivé au club, ils étaient en difficulté sportive et financière avec un effectif surchargé... Au final, cette année-là, ce n'est pas que grâce à moi, mais aussi au travail qui a été fait précédemment, on a réussi à faire 40 millions de ventes, et l'effectif a été réduit de 30 % ! Mais ça, on n'en parle jamais ! Le record de vente pour Montpellier, ce n'est pas Olivier Giroud, mais Steve Mounié ! Cet aspect de trading, c'est quelque chose que j'ai très vite intégré, mais c'est vrai que c'est aussi frustrant parce que le fait de ne prendre des joueurs que pour les revendre ne fait que croître !

C'est un peu triste, on parle de plus en plus de transferts, de moins en moins de jeu... Et dans votre discours, je vous sens très fataliste...

Frédéric Hantz : Bien sûr que c'est fataliste. Au départ, tu fais ce métier pour la performance sportive. C'est d'abord la performance sportive qui te pousse à devenir un joueur comme moi. Ensuite, cette expérience que tu as, tu veux la transmettre sur le banc et l'améliorer auprès des futurs joueurs que tu entraîneras pour qu'ils soient meilleurs encore....

Entre 10 et 35 ans, tu es dans des choses liées exclusivement au terrain. Mais après, je pense que j'ai commencé à entraîner en Ligue 1 à 38 ans, tu es confronté à des problématiques tout autres auxquelles, si on se base sur ce que doit logiquement être un entraîneur, tu n'es pas préparé. C'est un choc philosophique !

« *À Bastia, je m'intéressais à tout ce qu'il se passait autour de moi !*

Et si on passait à votre aventure bastiaise maintenant ? Vous avez réussi à y avoir des titres, des montées, mais ce qui me marque le plus encore personnellement, c'est le souvenir vibrant que vous avez réussi à laisser dans le cœur de tous les supporters !

Qu'est-ce que vous gardez en priorité, le respect ou les résultats ?

Frédéric Hantz : Mais, de toute façon, le respect ou l'estime, tu ne l'obtiens que grâce à tes résultats. Si je suis apprécié, c'est que je suis arrivé à une période où le club avait des résultats.

Bon, vous y avez quand même un peu contribué à ces résultats…

Frédéric Hantz : Oui, très modestement, j'espère ! Mais, quelles que soient les aventures des entraîneurs, il ne peut pas y avoir de respect ou d'estime profonde sans que l'entraîneur ait eu des résultats.

C'est peut-être un peu difficile pour vous d'en parler, mais on sent bien qu'à Bastia le respect pour vous va au-delà des résultats que vous avez pu obtenir... Il y a une grande affection des supporters à votre égard !

Frédéric Hantz : Oui, mais ça rejoint peut-être l'entraîneur que j'étais lorsque j'étais à Bastia. J'étais impliqué dans la vie publique même si j'essayais de ne pas trop me montrer parce que les sollicitations sont importantes...

Je m'intéressais à tout ce qu'il se passait autour de moi dans les limites de temps que mon métier voulait bien me laisser, parce qu'il me prenait énormément de temps et d'énergie. Mais la Corse, je ne connaissais pas du tout ! J'ai donc essayé de comprendre et de m'adapter à leurs attentes tout en restant l'Aveyronnais que je suis, ou le Gaulois que je suis.

Dans ma tête, il n'y a jamais eu d'ambiguïté. Certains ont pu vouloir dire « Il se croit plus corse qu'un Corse », mais, moi, je ne me suis jamais pris pour autre chose que ce que je suis. Un Aveyronnais pour qui Bastia n'était qu'un passage dans sa vie. En revanche, j'ai vraiment fait un effort d'intégration à l'histoire de ce club tout d'abord, car elle est chargée de moments forts positifs et dramatiques, puis j'ai aussi essayé de comprendre la Corse, sa mécanique et les hommes et les femmes corses ainsi que leur histoire.

Je suis resté moi-même, attention ! Mais, lorsque tu travailles quelque part, que tu es payé par ces gens-là, tu t'imprègnes de tout ça très naturellement.

Ce côté de l'intégration à son territoire, ce n'est pas vraiment quelque chose mis en avant dans les formations d'entraîneurs...

Frédéric Hantz : Non, mais je pense que mon expérience en amateur a été très importante ! J'ai été footballeur professionnel tard, à 23 ans. J'ai fait des choses avant ça donc, des petits boulots. Entraîneur, c'est pareil. J'ai fait un quart de finale de Coupe de France à Brive où je traçais le terrain. Bon, je ne veux pas faire du Guy Roux, mais c'est une réalité.

Rodez avant ça, c'était ma ville natale. Le club était dans une période compliquée. Je dirais que cette expérience du football amateur m'a apporté du bon sens. Le problème, quand tu viens du monde amateur et que tu arrives en pro, c'est que tu as l'impression qu'on te reproche ton bon sens. Je ne dis pas que je l'ai perdu, mais il y a des moments où j'ai dû faire attention à ce que je faisais parce que je me disais que les gens, les médias n'allaient pas comprendre, alors que, pour moi, c'était du bon sens.

Vous avez des exemples de situations comme ça ?

Frédéric Hantz : Oui, notamment dans la construction du groupe qui est pour moi l'une des choses fondamentales. Dans la présaison, pour construire l'état d'esprit qui va être si important, il y a des tas de choses à faire... À Bastia, je l'ai fait. On est en Corse, c'est un endroit magnifique : eh bien, on va aller marcher dans la montagne.

Je pense que, dans le prochain club où j'irai, je ferai visiter ou alors je ferai un jeu de pistes pour découvrir les endroits historiques de la ville. Ça crée du lien, ça ramène les joueurs vers l'histoire du club et de la ville.

C'est de plus en plus important à une époque où les joueurs restent peu de temps dans un club, ils ont du mal à s'identifier...

Ce genre de choses me paraît fondamental pour qu'ensuite les joueurs t'écoutent, adhèrent à ce que tu leur demandes... C'est ma vision, j'ai peut-être tort.

Connaître la ville, son environnement, ça parle aussi aux supporters...

Frédéric Hantz : Oui, mais aux joueurs ? Si un mec arrive dans un club et que son entraîneur lui dit : « On va faire une balade dans la montagne », il peut se demander : « Quel est cet illuminé-là ? »

Je pense que ma réussite à Bastia est aussi due au fait que, lorsque tu arrives en National ou en Ligue 2, il y a des choses que tu peux faire que tu ne peux pas répéter en Ligue 1 parce que les mecs vont être choqués !

En Ligue 1, j'ai fait un truc du genre à Montpellier, on est partis marcher dans l'arrière- pays, au pic Saint-Loup. Eh bien, il y avait des joueurs qui habitaient à Montpellier et qui n'avaient jamais grimpé le pic Saint-Loup, alors que c'est une balade magnifique, mais tranquille, pépère. Les joueurs ont beaucoup apprécié.

On t'attend beaucoup désormais sur des aspects tactiques par exemple, mais, pour construire des choses sur le terrain, il faut qu'il y ait une confiance qui passe par ce genre d'événements. Avant d'être des joueurs ou des entraîneurs, nous sommes des hommes. Et l'histoire d'une région, d'un club pour lequel tu entraînes, tu joues, c'est fondamental !

Et…

Frédéric Hantz *(Il coupe)* : Mais, justement, tu vois, c'est délicat parce que je t'en parle à toi, mais tu peux tout aussi bien te dire : « Mais il est entraîneur ou guide touristique ? » Mais je peux te dire que, mon métier, je le connais, j'ai passé des heures à analyser des matchs, j'ai fait toutes les formations possibles en France, j'ai travaillé en amateur avec un staff ultraréduit…

Que les choses soient claires avant de s'échapper sur d'autres choses, il faut d'abord être très compétent sur son métier.

Parce que le problème des activités annexes, c'est que, dès que tu en as un qui fait de la peinture, qui écrit ou quoi que ce soit, tout le monde va se jeter dessus et le vendre comme sa priorité de vie. Non, non… De toute façon, quand t'es en Ligue 1, il n'y a plus de hasard, à part si tu n'y restes que très peu de temps.

« Il fallait trouver quelque chose pour pouvoir dire : « Celui-là, c'est un extraterrestre. » Et ça te reste.

Personnellement, ça ne me pose aucun problème, bien au contraire. Mais on peut parler de cette fameuse étiquette que vous avez « d'entraîneur atypique ». On va souvent entendre « Hantz fait faire des trucs bizarres à ses joueurs »...

Frédéric Hantz : Mais jamais de la vie ! On en arrive à ce qu'est l'image publique. C'est ce que je te disais plus tôt : désormais, je réfléchis avant de faire faire certaines choses. J'ai eu le tort quand je suis arrivé au Mans... enfin, tort aux yeux des gens... J'ai eu le tort de leur faire faire un footing à six heures du matin. Le mec est footballeur professionnel et en situation difficile, le faire sortir, le matin, me paraît complètement logique ou, en tout cas, pas atypique. Tous les entraîneurs l'ont fait ! Bon, OK, en décembre à six heures, il fait encore nuit...

Deuxième chose, j'ai réuni mes joueurs le 1er de l'an parce qu'il y avait un match deux jours plus tard. Qu'est-ce qu'il y a de choquant à ça ? Tu joues deux jours après ! Tu crois que si tu te mets une blinde au jour de l'An... C'est un secret pour personne que, quand t'as entre 18 et 35 ans, tu te mets une mine ce jour-là. Et comment tu veux respecter ton club et ton métier si le 1er de l'an a lieu un jeudi et que tu joues un samedi ? Qu'est-ce qu'il y a de choquant à ça ?

Rien du tout !

Frédéric Hantz : Mais ce sont ces deux événements-là qui ont créé cette image « d'atypique » !

Je pense être le seul entraîneur à avoir fait cinq ans en amateur puis à enchaîner aussi longtemps en Ligue 1, donc, au départ, il fallait trouver quelque chose pour pouvoir dire : « Celui-là, c'est un extraterrestre. » Et ça te reste... Parce que t'es quand même dans un métier de communication, les gens doivent comprendre le sens de ce que tu fais. Au début, quand je suis arrivé, je ne me posais pas ces questions-là. Je faisais ce que je pensais que je devais faire, mais après...

J'ai continué, hein, à faire ce genre de choses... Mais t'y vas plus modérément, il y a des fois où tu n'y vas pas... Parce que, si c'est pour ne pas être compris ou pour que ce ne soit pas efficace, ça ne sert à rien. Si l'environnement fait passer le message que ce genre de choses est inefficace, ça peut le devenir. Donc, tu pèses tout ça...

Et pourtant, le truc du footing à six heures du matin, quelqu'un comme Sérgio Conceição l'a fait faire aussi à Braga. Et c'était plutôt mis en avant lors de sa venue à Nantes sous l'angle : « Avec lui, les joueurs nantais vont se remuer ! »

Frédéric Hantz : Eh oui ! Un entraîneur étranger le fait, c'est formidable, un entraîneur français, surtout venant du sérail amateur, le fait, c'est un atypique, un hurluberlu !

C'est un problème venant des médias donc ? De l'attente qu'ils ont par rapport à l'entraîneur français ?

Frédéric Hantz : Non, mais je dirais que, sur un entraîneur français, ils vont mettre une étiquette beaucoup plus rapidement que sur un entraîneur étranger. Je pense... Et pour différencier les entraîneurs entre eux, il faut leur adjoindre un mot, une phrase, ce qui est compréhensible parce que tu n'as pas le temps d'entrer dans la profondeur du type, donc il te faut un mot, une phrase, pour qu'on sache rapidement : « Ah oui, c'est celui-là ! » Et forcément un mot, une phrase, c'est 0,0001 % d'un entraîneur.

Quand même sur ce truc du footing à six heures du matin... À Marseille, le premier chant qui s'élève des tribunes quand ça ne va pas, c'est : « Mouille le maillot ou casse-toi ! » Tout supporter veut voir son joueur se défoncer pour ses couleurs sur le terrain... Comment on peut reprocher à un entraîneur de les faire travailler plus durement ? Ça me paraît en contradiction avec les demandes basiques formulées par l'amoureux de foot...

Frédéric Hantz : On en revient à ce que je te disais tout à l'heure... Si les résultats sont là, tu passes d'« atypique » à « brillant » et, s'ils ne sont pas là, « atypique » prend une tournure négative...

Après, pour en revenir à Bastia, c'est là où j'ai passé le plus de temps : quatre ans. Quand tu as du temps, tu as deux voies. Soit tu as des résultats immédiats, et ça va être facile de faire ce que tu as envie de faire, soit il y a de la patience et, pareil, tu gardes ta confiance, tes idées. Le problème, c'est quand tu es sur du court terme et que tu le sens dans les yeux des gens autour de toi. Quand les joueurs, les dirigeants, les supporters ont des craintes sur l'avenir proche. Là, tu entres dans un contrôle un peu plus important de tes actes ou alors tu prends des risques qui te font passer pour un mec plus fou que tu ne l'es.

À Bastia, ma chance, c'est d'y arriver en National. Au départ, ça paraissait fou. Un des plus grands agents français m'a même dit : « C'est kamikaze ! » Je lui ai répondu que certains kamikazes survivaient ! Personne ne me conseille d'y aller, mais c'est là qu'entrent en jeu les sensations personnelles. J'y vais avec beaucoup d'optimisme, beaucoup de concentration, mais c'est ton état émotionnel et celui du club dans lequel tu arrives qui sont également fondamentaux !

Quand je suis arrivé à Bastia, tous les signaux passaient au rouge vu de l'extérieur. Pour la première fois de son histoire, le club descendait au troisième niveau national. Mais en interne, par rapport à la force que les gens avaient à l'intérieur du club, j'ai senti que les signaux étaient au vert.

Vous avez aussi tenté d'instiller la culture corse chez vos joueurs, avec des leçons de langue corse notamment. Comment vous avez senti les joueurs par rapport à ça ? Dès la Ligue 2, vous avez quand même dans l'effectif des professionnels aguerris, Jérôme Rothen, Toifilou Maoulida...

Frédéric Hantz : Si tu veux, l'entraîneur est toujours en avance sur les joueurs, c'est-à-dire qu'il sait ce qui est bon pour eux. La difficulté, c'est de faire en sorte qu'ils parviennent à lui faire confiance et à le suivre. Les cours de corse, ça passe parce que les joueurs connaissaient la position que j'avais dans le club. On a commencé ces cours-là en Ligue 2 ou en Ligue 1, mais quand il y avait déjà une réussite, une confiance. C'était difficile d'y amener certains joueurs. Mais ils y allaient parce qu'ils me faisaient confiance, quelque part...

Certains pouvaient tout de même penser que ça ne servait à rien. Mais je pense qu'aujourd'hui s'ils y repensent, dans leurs vies de joueurs, c'est quelque chose qui a peut-être une importance... Si, demain, j'entraîne en Bretagne, je demanderais peut-être aux joueurs qu'ils apprennent le breton. Franchement, ce n'était pas du snobisme ou quoi que ce soit. C'était quelque chose que je ressentais vraiment, d'abord pour moi puis pour les joueurs, pour que les gens ressentent qu'il y avait une volonté d'intégration, de compréhension de la culture corse... C'est quelque chose de très important dans toute l'île. Je savais que ça allait toucher beaucoup de monde, que ça allait créer un trait d'union et de solidarité entre l'équipe et le public.

Est-ce que cette imprégnation de culture locale se reflétait, d'une certaine manière, sur le terrain ?

Frédéric Hantz : Oui ! Je n'ai aucun doute là-dessus et je pense très sincèrement que ce sont des choses que l'on peut faire dans toutes les villes de France. À partir du moment où tu demandes au joueur de comprendre l'endroit où il vit, de comprendre sa culture et son histoire, ça devient un atout fort pour le joueur dans l'attitude qu'il doit avoir sur le terrain et en dehors.

L'impact était très prégnant en Corse, car les Corses sont très sensibles à cela, mais je suis convaincu que tu peux faire la même chose à Lyon, à Paris, à Marseille bien évidemment ! Quand t'arrives dans un club, dans une ville, tu t'engages ! C'est vrai que nous sommes professionnels, mais c'est justement pour ça que l'on doit mettre tous les atouts de notre côté, respecter l'environnement local, l'histoire, tout !

Il faut que tu aies quelqu'un qui t'amène vers ça parce que, dans le football, on est beaucoup dans une question de timing. Il faut faire comprendre les choses vite, puis, sur le terrain, agir vite, donc si quelqu'un peut t'aider à mieux comprendre la culture de ton nouvel environnement, tu vis mieux dans cet environnement-là ! Et cet environnement-là vit mieux avec toi, et tes performances sur le terrain sont meilleures. Tu gagnes en confiance, en équilibre, en légèreté !

Pour avancer dans votre carrière, votre après-Bastia est marqué par une multiplication des missions de « pompier de service » à Montpellier, à Metz. Ces missions-là semblent pourtant à l'opposé de votre plus belle réussite en carrière, à Bastia, sur le long terme. Est-ce que vous ne feriez pas mieux, finalement, de refuser ce genre de missions ? Ou l'appel du terrain est-il trop fort ?

Frédéric Hantz : Ben, je les refuse puisque, depuis deux ans, je n'entraîne pas[28] (rires) !

Il faut revenir à l'origine de la situation : après Bastia, je ne me sens pas capable d'aller ailleurs. J'ai une admiration énorme pour les entraîneurs qui enchaînent, sans prendre de répit. Ce métier m'impacte tellement... Dans ma carrière, je n'ai jamais enchaîné d'un club à l'autre, je ne l'ai fait qu'une fois et ça ne s'est pas bien passé.

Je suis allé du Mans à Sochaux sans faire de pause (2007), mais, depuis, je n'ai plus jamais recommencé... parce que je me suis rendu compte que, quand j'étais à Sochaux, j'étais encore au Mans. J'ai une apparence peut-être dure, mais, à l'intérieur, il y a tellement d'émotions, de réflexions sur moi et les gens autour que, quand j'arrête dans un club, il me faut du répit ! Rentrer chez soi, seul dans sa tanière, évacuer.

28 • Entretien réalisé à la fin du mois de mai 2020.

Pendant un an, après Bastia, je ne voulais pas entraîner. Il y a eu une seule tentation, c'était Brighton, en Angleterre, en Championship. C'était entre Hyypiä et moi, puis ils ont pris Hyypiä. Même s'ils l'ont viré six mois plus tard...

En France, tout de suite après Bastia, je ne pouvais pas. J'ai eu des possibilités, en Ligue 2, en Ligue 1, mais, vraiment, je ne pouvais pas ! Je le sentais... Tu peux aller quelque part à la limite, un peu diminué, mais quand tu sens que tu ne peux pas du tout... On est dans un métier de performances ! Ça a duré un an, puis j'ai retrouvé de l'énergie et Montpellier arrive... C'était en cours de saison, mais je m'y sentais prêt. Je ne regrette pas d'y être allé. La grande difficulté quand t'arrives en cours de saison, à de rares exceptions près, et même si tu restes au club, c'est qu'on va considérer que tu agis toujours dans l'urgence.

J'aurais aimé reprendre un club en début de saison cette année ou l'année précédente, mais ça ne se fait pas, donc peut-être que mon métier de pompier va reprendre... Je pense que je vais devoir refaire le pompier mais que, à un moment, je me réinstallerai dans un club avant la fin de ma carrière, j'en suis convaincu. Pour moi, c'est une évidence.

6

Jean-Pierre Rivère

La vision du football d'un président de Ligue 1

À Kiev ou en Nouvelle-Calédonie où, tour à tour, sa vie professionnelle l'a mené, Robin Voudenet ne peut se départir de l'amour de sa ville, de son club. Il a, dans tous les cas, beaucoup de mal à le cacher visuellement, avec cet aigle niçois tatoué sur sa peau d'Azuréen pur jus, ou à l'oral, puisque, de manière presque compulsive, après quelques minutes de discussion, il vous orientera forcément vers sa ville ou vers son club. Son « Gym », il le fréquente depuis ses dix ans et a bien du mal à en parler sans s'enflammer, de manière positive ou négative.

Il faut dire que la saison 2020-2021 est loin d'être à la hauteur des espoirs générés par le nouveau propriétaire du club, sur le terrain surtout. « J'en ai vu, des matchs pourris à Nice, j'étais là en Ligue 2 mais, sincèrement, je crois que Patrick Vieira est le deuxième pire entraîneur que j'ai pu voir à la tête du club, après Didier Ollé-Nicolle. Et de l'avoir gardé deux ans… quelle connerie ! »

Et quid de la cote de popularité du président du club, Jean-Pierre Rivère, revenu à l'été 2019 après un court exil de six mois ? « Sincèrement ? Moi, je l'aime bien. Je n'oublie pas tout ce qu'il a fait au départ. Quand il est arrivé avec (Julien) Fournier, il a fait un taf de fou. En plus de nous sortir de vingt ans de dirigeants douteux, il a tout de suite pris Puel pour lancer le projet. C'était une idée géniale, puis Lucien Favre a suivi, il a réussi des coups comme Ben Arfa, Balotelli. Il s'est ensuite un peu perdu avec les Chinois[29] et, depuis son retour aux manettes, je le sens dépassé. Franchement, Vieira, ça se voyait… »

Chez les supporters, le bilan de Rivère à la tête de l'OGC Nice semble très fortement dépendant de la pertinence des choix qu'il a faits pour le banc azuréen. Et, pour le décideur niçois, l'entraîneur est-il aussi important ?

---

29 • En juin 2016, une importante part de l'actionnariat du club est racheté par le Sino-Américain Chien Lee et le Chinois Alex Zheng, avant le rachat du club trois ans plus tard, le 28 août 2019, par le groupe Ineos.

« Rivère : « Ce n'est pas l'entraîneur qui fait le projet, mais le projet qui vous permet de déterminer qui sera le bon entraîneur pour vous. »

Quelle est l'importance d'un entraîneur dans la gestion d'un club de foot ?

Jean-Pierre Rivère : Pour moi, c'est la pierre angulaire du projet. Chaque club a son propre projet et son propre timing. À Nice, on a pris Claude Puel à un moment où l'on voulait changer l'ADN de ce club. On voulait repartir de zéro, il nous fallait donc un coach bâtisseur capable de lancer des jeunes, surtout qu'on avait peu de moyens. Il était l'entraîneur qu'il nous fallait à ce moment-là.

Quand on passe à Lucien Favre, c'est que l'on a franchi un palier, on a toujours des jeunes, mais on a également des cadres désormais et on voulait créer du beau jeu. Voilà, c'est ça qui nous intéressait, avoir du beau jeu, pour qu'on se dise lorsque l'on pense à l'OGC Nice : « Tiens, c'est un club qui pratique un beau jeu. » C'était ça, notre projet à ce moment-là.

Tous les projets sont respectables, mais ils ont besoin d'un bon entraîneur. Ce n'est pas l'entraîneur qui fait le projet, mais le projet qui vous permet de déterminer qui sera le bon entraîneur pour vous.

C'est aussi pour ça qu'un dirigeant recherchant avant tout le maintien va peut-être se mettre en quête de quelqu'un qui peut lui permettre d'avoir une équipe solide, qui prenne des points... Et c'est respectable, ça aussi ! Mais nous, on a pris des risques à certains moments parce que, quand vous lancez des jeunes et que vous recherchez une certaine qualité de jeu, il y aura aussi nécessairement des erreurs que vous paierez cash, immédiatement. Vous allez perdre des points.

Mais ces erreurs-là, vous savez qu'elles vont se gommer parce que vos joueurs vont prendre de l'expérience et, ce que vous avez perdu à un moment, vous le gagnerez après.

Ces risques que vous avez pris ont été couronnés de succès puisque Nice a d'abord fait de bonnes saisons avec Claude Puel, en sortant beaucoup de jeunes, puis l'équipe de Lucien Favre était une véritable attraction de la Ligue 1. Vous pourriez devenir un exemple pour les autres…

Jean-Pierre Rivère : Mais la seule chose, c'est que l'on n'a jamais pris de risques financiers ! On n'a jamais mis le club en péril. On partait de zéro aussi, ce qui est toujours plus facile.

À un moment, on a eu beaucoup de réussites, avec un budget qui était une anomalie, parce que « performer » en Ligue 1 avec un budget comme le nôtre, une année, ça arrive, mais deux années de suite, ce n'est pas normal. On a pris des risques sur certains joueurs et sur la qualité du jeu, mais sans risques financiers.

Vous avez pris des risques philosophiques plutôt que financiers, en fait ?

Jean-Pierre Rivère : Exactement ! Par exemple, quand on prend Mario Balotelli, c'est un gros salaire. Il avait été acheté 26 millions d'euros par Liverpool, on le récupère pour zéro. Donc, à ce niveau-là, on ne prend aucun risque. Mais il y a le salaire et donc, pour limiter le risque, on ne le prend qu'une année, parce qu'il y a la Coupe d'Europe et que l'on sait que, cette année-là, on peut couvrir son salaire.

Il fait une très bonne saison, donc on lui renouvelle son contrat d'une année plus une autre optionnelle en lui expliquant bien que si, l'année suivante, nous ne sommes plus en Coupe d'Europe, son salaire n'est plus le même. C'est ça, prendre des risques contrôlés. Prendre des gros salaires sur plusieurs années pour un club comme Nice, qui n'est pas forcément programmé pour aller tous les ans en Coupe d'Europe, c'est prendre un énorme risque financier. Ce sont des choses que l'on n'a jamais faites.

Vous avez commencé à en parler avec Balotelli, mais vous avez donc également construit une stratégie claire dans vos choix sur le mercato. J'ai l'impression que, tous les ans, vous construisez votre équipe puis, dans les derniers jours, vous voyez s'il y a la possibilité d'ajouter une cerise sur le gâteau. Est-ce que je me trompe ?

Jean-Pierre Rivère : Oui, mais ce n'est pas comme je l'entends souvent : « Ah tiens, Nice fait toujours un joueur dans les dernières heures du mercato. » Ce joueur que l'on prend dans les dernières heures du mercato, c'est un joueur que l'on a beaucoup regardé avant, mais que l'on ne pouvait tout simplement pas faire financièrement… avant !

Si on prend les exemples de Mario (Balotelli) ou de Jeff (Reine-Adélaïde), c'est le même schéma. Au mois de juin, ils sont intouchables financièrement, en juillet pareil, au début d'août, ça reste intouchable, puis arrive le moment où vous vous dites : « Maintenant, je peux le prendre à ce tarif-là. » Ce sont des joueurs qui nous intéressent beaucoup, que l'on analyse beaucoup, mais que l'on sait inatteignables financièrement, au départ.

Balotelli, Puel, Favre, ça fait beaucoup de noms qui font irruption dans notre conversation et qui semblaient à l'époque symboliquement hors de portée de l'OGC Nice. Il est là aussi, le risque que vous prenez : aller taper au-dessus de votre catégorie…

Jean-Pierre Rivère : Oui, car on part du principe que rien n'est impossible. Alors, bien sûr, ce n'est pas pour ça que, demain, je vais me mettre en chasse d'un joueur, disons n'importe quoi, comme Neymar. Il y a des principes financiers dans un club comme Nice qu'il faut quand même garder à l'esprit.

Mais il y a des gens qui peuvent être un peu au-dessus de ce que vous pouvez vous imaginer et, là, il ne faut pas avoir peur d'y aller, d'essayer. Moi, je n'ai jamais eu peur d'essayer.

Eh bien, justement, est-ce que les autres n'ont pas un peu peur d'essayer ? On tourne beaucoup en France avec le même pool d'entraîneurs en misant plutôt sur des spécialistes du maintien…

Jean-Pierre Rivère : Bon, nous sommes des privilégiés mais, parfois, les situations ne sont pas simples. Quand vous avez un propriétaire ou investisseur qui met son argent, vous pouvez être tenté de vous dire : « Il ne faut pas que je prenne trop de risques. » Il y a quand même toujours ce risque de relégation qui devient vite une catastrophe industrielle. Donc, des gens ont besoin de se sécuriser comme ils peuvent.

Quand, dans une entreprise normale, vous faites les choses bien, vous avez plus ou moins une certitude de gagner un petit peu d'argent. Mais, dans le football, même en faisant tout bien, l'aléa du résultat peut faire que vous vous plantez. C'est aussi ce qui fait son charme. Et aller vers l'inconnu, ce n'est jamais très sécurisant. Donc, je peux comprendre que certains se disent à un moment : il faut que je sécurise mon business.

« *Cette période de crise, c'est le moment ou jamais de repenser notre produit en profondeur.*

Passons à quelque chose d'un peu plus général. Pour vous, de votre position de président de club de Ligue 1, qu'est-ce qu'un spectateur vient voir en priorité dans un match de football ?

Jean-Pierre Rivère : Il y a différents types de supporters. Il y a le supporter fidèle, celui qui peut dire : « Même si on est en Ligue 2, on sera toujours là. » Mais... vous pouvez me répéter votre question ? Parce qu'elle englobe beaucoup de choses...

Oui, justement, c'est un peu le but. Pour voir ce que l'on va me répondre et ce que les acteurs du football peuvent mettre derrière les termes « spectateur » ou « supporter »... Qu'est-ce qui pousse quelqu'un à venir au stade ou à se mettre devant sa télévision pour regarder un match de football ?

Jean-Pierre Rivère : Ah, alors, voilà, il n'y a pas une seule réponse à cette question ! Il y a le supporter qui sera là quoi qu'il arrive, que son équipe soit en Ligue 1 ou en Ligue 2, parce que c'est son équipe de cœur.

Puis vous avez le supporter qui a, lui, envie de voir un beau match de football. C'est très hétéroclite. En fait, c'est un panel de société avec des jugements de valeur et des positionnements complètement différents les uns des autres.

Mais, globalement, avec un beau spectacle, vous avez plus de monde qui regarde.

Justement, vous siégez également au conseil d'administration de la Ligue, est-ce que cette problématique du jeu et du spectacle sur le terrain est présente dans les discussions que vous pouvez avoir avec les autres dirigeants ?

Jean-Pierre Rivère : Oui, bien sûr, tout le monde en a conscience. Je pense que c'est le moment idéal au niveau des clubs pour faire tomber toutes les barrières. Il faut se demander maintenant comment améliorer le football. Ce n'est pas une mesure qui va tout changer, mais un ensemble de choses...

Il ne faut pas hésiter à regarder ce qu'il se fait de bien ailleurs et à être créatif dans ces périodes compliquées.

Pourtant, lorsque j'entends parler des dirigeants de clubs ou d'institutions, j'entends surtout parler de résultats financiers, sportifs de temps en temps, mais je n'entends jamais parler du fait que les spectateurs puissent s'ennuyer devant ce qui leur est proposé...

Jean-Pierre Rivère : Et pourtant, c'est la position que l'on tient à Nice depuis longtemps parce que ça reste un spectacle ! Et un spectacle, vous y allez s'il est attractif. Si vous n'avez que les supporters qui seront toujours présents pour leur équipe, alors on va souffrir au niveau du remplissage du stade.

Cette période de crise, c'est le moment ou jamais de repenser notre produit en profondeur, tout en conservant les règles du jeu qui sont internationales, mais je pense que le football ne doit pas louper son évolution qui se joue en ce moment.

Dans quel sens elle va, cette évolution ?

Jean-Pierre Rivère : C'est encore une question qui peut avoir une multitude de réponses. Dans tous les cas, le football évolue très lentement. Il est difficile de faire des réformes mais, encore une fois, je pense qu'un match de football doit être un ensemble de choses. Comment on accueille le public au stade ? Comment on le fait participer à certaines choses ? Et, bien sûr, le match de football en lui-même doit être de qualité parce que les gens viennent pour ça.

Mais ça doit bien être un ensemble de choses. Par exemple, on loue souvent la qualité du spectacle en Angleterre et c'est vrai qu'il y a de très bons matchs. Il y a aussi des matchs très ennuyeux mais, au moins, on laissera beaucoup plus le jeu se dérouler. Chez nous, le jeu est très haché, je trouve.

Il y a plein de petites choses comme ça, je pourrais encore en citer des dizaines, à améliorer en faveur de la qualité du jeu.

Cette autre direction, ces changements peuvent aussi venir, comme en Allemagne, de la direction technique nationale mais, en France, on est champions du monde. Et donc, il est difficile de changer quoi que ce soit…

Jean-Pierre Rivère : Oui… C'est un peu moins le cas maintenant, ça l'était beaucoup plus quelques années en arrière. Je ne veux attaquer personne, mais, au niveau des entraîneurs, il y avait un peu un cercle fermé. L'un d'entre eux se faisait virer, il passait dans un autre club, et ainsi de suite…

Il n'y avait pas d'apport d'oxygénation si vous voulez. Je pense que, de temps en temps, il ne faut pas hésiter à explorer de nouvelles pistes. Et puis en France, on a aussi des handicaps, notamment au niveau des charges sociales.

Mais il y a d'autres championnats, comme celui des Pays-Bas par exemple qui ne bénéficie pas non plus d'un contexte économique très favorable, mais qui donne plutôt la priorité à l'offensive. Et donc, on va au stade comme on va à une fête, c'est un peu moins le cas en France…

Jean-Pierre Rivère : Ça va m'être difficile de parler à la place des autres, on est vingt clubs avec des projets et des philosophies différentes. Seulement, en ce qui me concerne, je serais le plus heureux si, demain, on avait une équipe qui prenait trois buts à chaque match, mais en marquait aussi à chaque fois quatre. Je préfèrerais toujours un 5-4 à un 1-0.

7

Le cas Dall'Oglio

La continuité dans le jeu pour le club… Et l'entraîneur !

« Putain, mais on peut jouer comme ça dans le bas de tableau de la Ligue 1 ? C'est permis ? » Ces questions, un brin impertinentes, c'est mon pote Romain, supporter du SM Caen, qui me les pose, un après-midi brumeux de décembre 2016 devant un petit DFCO-OM des familles. Les Dijonnais finiront par s'incliner deux buts à un, mais leur collectif ambitieux aura au moins conquis le cœur de ce pauvre Romain, plus habitué, tous les week-ends, à se lamenter qu'à s'enthousiasmer devant les prestations de son équipe de cœur.

Le responsable de cet enthousiasme, non réglementaire dans ces eaux instables, se nomme Olivier Dall'Oglio. Après avoir fait monter le club bourguignon dans l'élite du football français, il est parvenu à le maintenir deux fois par la force du jeu mis en place avant d'être brutalement remercié en décembre 2018.

À peu près au même moment dans la division en dessous, celle que tous les « petits clubs » de Ligue 1 veulent éviter de retrouver, Jean-Marc Furlan est en train de ressusciter le Stade Brestois avec un jeu penchant, lui aussi, sérieusement vers l'attaque. Problème, en mai 2019, au milieu des flonflons et des confettis qui entourent le retour en Ligue 1 du club breton, Furlan annonce son départ. Gregory Lorenzi, le directeur sportif, ne change pas de cap au niveau des intentions de jeu et se tourne alors vers l'ex-Dijonnais pour le plus grand bonheur de ses supporters ! « Dall'Oglio ? Je l'ai vraiment accueilli avec un certain plaisir », se souvient Quentin Guéguen, supporter brestois, « parce qu'on sentait qu'il y avait une certaine continuité avec Furlan. Ça voulait dire que le projet ne s'arrêtait pas avec le départ de Jean-Marc Furlan. »

La recette diffère un peu, mais la mixture concoctée par « ODO » continue d'avoir bon goût et fait le taf au niveau des résultats avec un maintien assuré finalement assez facilement dans une saison bouleversée par la Covid-19[30]. « La différence avec Furlan, c'est que l'on essaie beaucoup plus de sortir balle au pied », observe Quentin, « mais ça, c'est aussi dû à la nouvelle règle de la FIFA. Disons que, dans 85 % des cas, on va ressortir de derrière, la balle au pied. Ensuite, je dirais qu'il y a beaucoup plus de verticalité, Brest a marqué pas mal de buts en contre-attaque, ce qu'il ne faisait jamais en Ligue 2. Il faut dire aussi qu'en Ligue 2 on avait le ballon entre 60 et 65 % du temps. Enfin, je dirais que le pressing est beaucoup plus ordonné, plus intelligent même. Tu as tout un bloc d'équipe qui joue ensemble, en tout cas à domicile parce

30 • Brest termine quatorzième avec 34 points en 28 rencontres disputées. La saison suivante, Brest se sauvera également (17e avec 41 points en 38 journées), mais se fera beaucoup plus peur avec une seconde partie de saison très moyenne.

que ça reste plus compliqué à l'extérieur comme ça l'était déjà avec Furlan. »

À Brest, le coach a beau changer, les intentions de jeu restent. Et Dall'Oglio a beau changer de club, ses intentions perdurent. Comme quoi, il y a quelque chose à creuser du côté de la Bretagne…

> ***Dall'Oglio : « En fait, je trouve ça magique de voir un stade se lever sur une action ou sur un but ! L'émotion… »***

Si je vous dis que la Ligue 1 est un championnat ennuyeux, qu'est-ce ça vous inspire ?

Olivier Dall'Oglio : Moi, je ne suis pas d'accord avec ça. Alors, effectivement, c'est vrai qu'il y a des matchs cadenassés un petit peu tristes, mais ce n'est pas spécifique à la Ligue 1. À l'étranger, tout n'est pas génial non plus.

Pour vous, qu'est-ce qu'un spectateur vient voir en priorité dans un match de football ?

Olivier Dall'Oglio : Ça dépend du spectateur. Ça dépend du public. Il y a différents publics, ça dépend de si vous allez à Lens ou si vous allez à Bordeaux. Ensuite, ça dépend d'où vous vous trouvez dans la tribune aussi. Si on est supporter, on vient voir une victoire de son équipe. Mais, même là, il y a différents types de supporters. Je vois, ici à Brest, par moments, on ne gagne pas le match ou on ne marque pas, mais le public est satisfait à la fin. Pourquoi ? Parce qu'il a vu des joueurs courir, se dépenser, peut-être ne pas avoir de réussite, mais être dans le bon tempo, donner de l'intensité, de la générosité et parfois même du talent, mais sans réussir à marquer.

Mais bon, généralement, les gens viennent voir un spectacle. C'est tout un ensemble qui va de ce qu'il y a avant le match aux événements durant la rencontre, comme avec l'utilisation, maintenant, de la VAR, qui peuvent faire parler pendant longtemps. Ils viennent avoir des émotions, le football de toute façon, pour moi, c'est ça, ce sont des émotions.

Les émotions entrent un petit peu en conflit avec la fameuse phrase : « Il n'y a que la victoire qui compte. » Si on regarde votre saison 2019-2020 par exemple, je pense que les supporters étaient satisfaits de la prestation de leur équipe contre le PSG malgré la défaite (1-2, but vainqueur inscrit à la 86e minute). Théoriquement, Brest a pourtant très peu de chance de battre le PSG, mais ce n'est pas une raison de ne pas essayer d'au moins donner des émotions…

Olivier Dall'Oglio : Oui, tout à fait, ne serait-ce que d'avoir des occasions, ça fait vibrer. Je pense que, le moment où les gens s'ennuient, c'est lorsque leur équipe n'a pas de volonté d'aller vers l'avant, de se créer des occasions. Contre le PSG, puisque vous prenez cet exemple-là, on sait qu'on va avoir peu d'occasions, mais il faut essayer de s'approcher du but adverse, de les ennuyer sur certaines phases de jeu. Les gens ont besoin de voir ça.

Ici, à Brest, je suis dans une ville plutôt populaire, donc les gens qui vont au stade ont besoin de voir des joueurs impliqués. Même un bon tacle réussi sur Neymar, un duel bien gagné par notre défenseur, je ne dis pas que ça leur suffit, mais ça fait partie du spectacle.

Contre le PSG, les plus frustrés à la fin du match, c'étaient les joueurs et le staff, notamment à cause de ce second but que l'on prend parce qu'on a été un peu trop naïfs, un peu trop vers l'avant. On voulait marquer ce second but alors qu'un match nul était déjà un excellent résultat. Mais les supporters, eux, étaient satisfaits. « Vous vouliez gagner, vous vouliez marquer, vous avez été ambitieux contre le PSG, quelque part, à nous, ça nous suffit. »

Vous mettez le doigt sur un paradoxe qui me tracasse, celui qui existe, selon moi, entre la vision de compétiteur tout à fait légitime de l'entraîneur ou du joueur pro qui travaille toute la semaine pour obtenir un résultat alors que le supporter, au fond de lui, peut vouloir cette victoire, mais aussi autre chose... autre chose que trois points sans saveur. Cette autre chose me semble grandement négligée dans le traitement du foot.

Olivier Dall'Oglio : Oui, oui, le spectateur veut aussi autre chose mais, après, le supporter veut quand même voir son équipe gagner. Ça reste une très grosse priorité. Mais, en effet, je trouve que de plus en plus de personnes qui viennent au stade viennent voir autre chose. Certaines ont désormais un œil tactique : « Vous avez tenté quelque chose, ça n'a pas marché, mais c'était intéressant. » D'autres sont moins aiguisées sur le plan tactique, mais veulent avoir des palpitations... On sent qu'il y a une recherche d'autre chose que la victoire.

Mais nous aussi, hein, on recherche la victoire en priorité, oui, parce que ce sont des points, c'est une logique de survie. Il faut que l'on continue à exister pour assurer notre responsabilité. On ressent aussi une certaine pression économique. Sans tous ces intérêts économiques, on serait sans doute encore plus dans la recherche d'émotions, comme l'est parfois notre public.

En fait, la nature économique de l'industrie du football dénature un peu le jeu puisqu'elle fait peser sur vous cette pression qui vous empêche parfois de prendre certains risques. C'est un peu ça ce que vous me dites, en fait ?

Olivier Dall'Oglio : Oui, on est obligé d'avoir une retenue, parfois, parce qu'au final ce que l'on retient en priorité de notre saison dernière, par exemple, c'est le classement. « Ah ben, vous êtes quatorzièmes, l'objectif c'était le maintien, eh bien, c'est bien, vous avez fait une bonne saison. » Est-ce qu'on aurait pu faire mieux sur d'autres plans ? Oui, sans doute, et on y pense mais, à titre individuel, on est aussi obligé d'obtenir des résultats pour continuer à exercer notre passion.

Vous dites qu'on ne retient que votre maintien, mais on retient aussi le fait que vous vous êtes maintenus en jouant bien. C'est d'ailleurs quelque chose qui revient beaucoup lorsque l'on parle de vous, vous avez cette étiquette de coach qui fait bien jouer ses équipes. Est-ce que ça vous rend fier, ou vous n'attachez que peu d'importance à tout ça, finalement ?

Olivier Dall'Oglio : Non, je ne m'en fous pas parce que ça nous récompense aussi un petit peu. Je dis « on » parce que cette philosophie, cette volonté, c'est celle de tout un staff. On voulait vraiment mettre en place cette philosophie de bien faire circuler le ballon, de vitesse, de collectif... On est satisfaits d'être reconnus par rapport à ça. Ça nous renforce dans ce que l'on veut faire par la suite, ça nous aide à réaliser que c'est possible de le faire.

Cette idée de travailler sur les sorties de balle, c'est vraiment quelque chose que l'on a en commun avec les gars avec qui je travaille. La semaine dernière, on est restés trois jours sur ce travail des sorties de balle et on y a pris un énorme plaisir. Quand on trouve une bonne sortie, on est super heureux de se dire : « Voilà, là, on s'est retrouvés devant le but adverse en trois passes... »

Comme des gosses en fait, comme des gamins. Ça nous passionne.

Quand on est montés en Ligue 1 avec Dijon, on m'a régulièrement posé cette question : « Vous êtes montés en produisant du jeu, est-ce que vous allez continuer sur cette philosophie-là ? » J'ai toujours répondu oui, même avec l'objectif de maintien. Déjà que je gardais l'ossature de Ligue 2, habituée à un certain style de jeu, donc, oui, on allait continuer sur ce style de jeu. On m'a alors dit que c'était risqué, qu'on allait descendre. Mais on a tout fait pour ne pas descendre en gardant notre style de jeu, c'est-à-dire en l'adaptant un peu sur certains points, mais en gardant les grandes lignes.

« Cette notion de se faire plaisir pour faire plaisir aux autres.

C'est vrai que l'idée que « bien jouer comporte un risque pouvant vous faire descendre » est très présente dans les médias. Comment vous expliquez cela ?

Olivier Dall'Oglio : Je ne sais pas, mais, à l'arrivée, on n'a pas plus de sécurité d'un côté ou de l'autre. Sur certains matchs, on peut être un peu plus sécuritaire parce qu'on a vraiment besoin d'un résultat. Ça m'est déjà arrivé sur un match d'avoir la volonté de plus bloquer l'adversaire que de développer notre jeu, mais même avec ça... Moi, je ne suis pas convaincu que l'on puisse y arriver. Je suis plus convaincu, peut-être parce que ça m'arrange, que produire du jeu collectif va vous apporter de meilleurs résultats sur le moyen terme.

Ce n'est que mon idée à moi, on a très peu de certitudes là-dessus, finalement. J'ai des collègues qui sont plus tournés vers la volonté de sécuriser leur équipe puis de jouer un ou deux coups devant. Je pense que c'est plus une question de philosophie de chacun. Je ne suis pas certain que, si on me disait demain : « Prends ton équipe, sois plus défensif »... bon... Déjà, je ne sais pas si je saurais le faire. Non, je pense que j'y arriverais, mais j'aurais moins de plaisir, parce qu'il y a quand même cette notion de se faire plaisir pour faire plaisir aux autres.

En tout cas, ce qui est certain, c'est qu'on ne maîtrise pas grand-chose dans le football. Il y a tellement d'incertitudes dans la manière d'entraîner, dans la philosophie à adapter... Le football, c'est complexe parce que c'est de l'humain. Vous pouvez changer un tout petit truc dans votre équipe, et elle sera plus cohérente ou se déglinguera sans que vous compreniez exactement pourquoi. Donc, je pense qu'il faut rester très humble par rapport à tout ça.

Comment on fait lorsque l'on est un entraîneur à vocation plutôt offensive pour changer temporairement de philosophie dans un match ? N'y a-t-il pas un risque que les joueurs refusent ensuite de revenir vers une approche plus ambitieuse ?

Olivier Dall'Oglio : Ça passe obligatoirement par de la « comm ». Aujourd'hui, l'une des choses les plus compliquées, c'est de convaincre les joueurs d'accaparer le projet. Il faut arriver à expliquer...

Quand je vous dis : je l'ai fait, je ne l'ai pas fait très souvent, hein ? J'essaie quand même de rester sur ma philosophie pendant une énorme majorité de la saison. Quand je leur ai demandé d'être un bloc très compact, de ne pas prendre de but... Bon, ça aussi, c'est un discours très risqué parce que si vous prenez un but dès la première minute, tout ce que vous avez dit ne sert plus à rien. Mais les joueurs, voilà, il faut les convaincre par le discours et par la tactique.

Comment vous faites pour que les joueurs s'approprient votre projet ?

Olivier Dall'Oglio : C'est une partie très difficile. Si je reprends l'exemple de Brest, lorsque j'arrive ici, j'ai un groupe qui a déjà joué avec Furlan et qui est même monté comme ça. Donc, là, il faut que je prenne le train en marche. D'ailleurs, c'est pour ça que les dirigeants m'ont pris, il voulait un entraîneur qui ait une idée de jeu qui s'approche un petit peu de ce qu'ils avaient déjà. Les joueurs avaient gagné comme ça, donc si j'étais arrivé avec quelque chose de complètement différent, je pense qu'à moyen terme ils m'auraient rejeté.

Après, c'est une question de management. Ces joueurs n'ont rien à voir avec ceux de ma génération. Nous, nous étions aux ordres. Eux, s'ils ne sont pas convaincus, ça ne passera pas. Le travail du staff, c'est de leur expliquer ce que l'on va faire, comment on va le faire et pourquoi on va le faire. Ça passe par tous les moyens : les entraînements, la vidéo, des discours collectifs ou individuels... Parfois, on arrive à les convaincre, d'autres fois, on les sent toujours réticents sur certaines choses.

Si je reprends l'exemple de Brest, la saison précédente, celle de la montée en Ligue 1, ils travaillaient très peu défensivement. Et nous, avec mon staff, on a besoin de s'appuyer sur quelque chose de plus solide derrière pour aller vers l'avant. Donc, à un moment, les joueurs trouvaient que l'on travaillait trop défensivement. Effectivement, ils ne travaillaient pas du tout ça, donc passer de rien à un petit peu, pour eux, c'était beaucoup. Ils me disaient « nous, on aime avoir le ballon », je comprends bien mais, dans un match, un joueur a le ballon deux minutes trente, donc il faut aussi travailler le reste du temps de jeu.

Il y a certains joueurs qui ne sont toujours pas convaincus. On n'y est pas arrivés. Il y a notamment des latéraux qui étaient trop dans l'anticipation de l'action offensive et ne prenaient pas assez en compte le fait que l'on puisse perdre le ballon également. Il a donc fallu corriger certains placements et certains joueurs n'ont pas du tout accepté.

Vous parlez d'individualités, mais est-ce qu'il y a également une personnalité collective propre à chaque groupe qu'il faut réussir à définir et à maîtriser ?

Olivier Dall'Oglio : Oui, bien sûr, c'est primordial. On touche à des choses primordiales, là, c'est le vestiaire. Cette semaine, j'ai discuté avec un recruteur qui a pas mal vadrouillé et qui m'a dit : « C'est la première fois de toute ma carrière que je vois un vestiaire aussi soudé. » Le coach, là-dessus, n'a pas à intervenir. Ils sont en autogestion là-dessus, ils ont réussi à trouver un équilibre avec des leaders positifs qui régulent tout. Celui qui n'est pas content de l'entraînement ou de la manière de jouer va être remis à sa place assez rapidement et rentrer dans le rang.

C'est ce qu'on recherche tous. C'est pour ça qu'il faut connaître les joueurs et l'influence que peut avoir chaque joueur. Ça fait partie de notre travail. Le staff doit être dans l'observation permanente du vestiaire, pour voir celui qui va influencer, celui qui va amener les autres, celui qui va corriger, celui qui va faire le relais sur le terrain… C'est l'un des nerfs de la victoire, moi, je m'appuie beaucoup là-dessus.

Dans le recrutement, c'est pareil. On observe, bien sûr, les joueurs sur le terrain, mais il faut également avoir le maximum d'informations sur leur attitude hors du terrain.

« Le football sans spectateurs, pour moi, ça n'a pas de sens !

Pour revenir à un sujet plus global, quelle place accordez-vous au public dans votre réflexion sur le jeu que vous allez mettre en place ? Est-ce que vous le prenez même en considération dans la préparation d'une saison ?

Olivier Dall'Oglio : Oui, très clairement, oui. Je considère le football comme une sorte de spectacle. C'est pour ça qu'avec la Covid-19, le football sans spectateurs… Pour moi, ça n'a pas de sens ! C'est comme si les gens du cirque faisaient un spectacle que personne ne venait voir. Même si c'est filmé, ce n'est pas la même chose…

Donc, oui, j'y pense au public. Il y a aussi une autre chose qu'il faut garder en tête : c'est la culture du club ! Comme on l'a déjà dit, Brest, c'est un club populaire, il leur faut un certain type de joueur. Je cherche à faire plaisir au public, à lui donner le besoin de revenir avec plaisir. Et puis ce match-là qu'ils vont voir, ils vont en parler toute la semaine…

Ici, en plus, on voit que ce public a un impact positif sur les joueurs puisqu'on a fait les trois quarts de nos bons résultats à Brest, dans notre stade, lorsque l'on était poussé par notre public. Je suis sûr que, face à un public plus amorphe, plus spectateur que supporter, on n'a pas ces résultats !

Des supporters brestois m'ont d'ailleurs parlé de cette différence entre vos résultats à domicile et ceux à l'extérieur, une situation qui n'est pas nouvelle puisqu'elle existait déjà sous Furlan. C'est eux, les supporters et leur soutien, en fait, l'explication de ce Brest à deux visages ?

Olivier Dall'Oglio : On a cherché des explications. On en a parlé d'ailleurs avec les joueurs, de leur différence d'attitude lorsqu'ils sont à l'extérieur, parce qu'on ne les reconnaît plus. Même si ce n'est pas général, certains ont l'air plus fermés et plus anxieux. Alors qu'à Le Blé, avec ce public, on sentait une certaine coalition, une certaine magie entre eux… Et puis, chez l'adversaire aussi, lorsqu'ils arrivent dans ce stade un peu ancien où il ne fait pas toujours très beau, avec des joueurs concentrés en face d'eux, ça crée une certaine magie en notre faveur. On ne la retrouve pas à l'extérieur. On a instauré un dialogue au niveau individuel, au niveau collectif, mais on a eu du mal là-dessus avec le staff. C'est le moment où avoir l'aide d'un préparateur mental, par exemple, aurait pu être utile.

Parce que, moi, quand je vais discuter avec un joueur, il va être dans la retenue. Il va se dire : « Il ne faut pas que je dise des choses à l'entraîneur qui le pousse à me laisser sur le banc au prochain match. Si je montre à l'entraîneur mes faiblesses, il ne va pas me faire jouer. » Il s'ouvrira plus facilement à un gars de l'extérieur et, nous, on pourra avancer.

> *« Je pense vraiment que la préparation mentale est aussi importante que la préparation physique.*

Sur cet aspect mental, j'avais lu que vous étiez favorable à l'intégration de préparateurs mentaux au sein des staffs. Est-ce que vous en avez un désormais, à Brest ?

Olivier Dall'Oglio : Non pas encore[31]. La difficulté avec la préparation mentale, c'est que l'on a mis énormément de choses dedans. Aujourd'hui, un préparateur mental peut être, bien sûr, un psychologue du sport, mais ça peut aussi être bien d'autres choses, parce qu'il y a différentes formations avec différents diplômes… Disons qu'on y met un peu de tout.

Je pense vraiment que la préparation mentale est aussi importante que la préparation physique. À mon époque, on avait un entraîneur, parfois un entraîneur adjoint et pas forcément de préparateur physique. Aujourd'hui, on a deux préparateurs physiques et il est impossible de s'en passer. Mais, dans les années à venir, si les clubs continuent de n'avoir personne pour s'occuper de l'aspect mental, ils vont être complètement dépassés. Dans le football, on est en retard par rapport à d'autres sports parce qu'on a une réticence là-dessus, notamment chez les joueurs. Ils restent sur l'idée : « Si j'ai besoin d'un préparateur mental, c'est que je ne suis pas bien ou que je suis malade. » On en est là, c'est pour ça qu'il faut com-

31 • Entretien réalisé en mai 2020. Pour la saison 2020-2021, le Stade Brestois sera renforcé avec l'arrivée d'un préparateur mental dans son staff.

mencer par intégrer les préparateurs mentaux dans les centres de formation, pour que les joueurs s'y habituent.

Les joueurs d'aujourd'hui sont une génération perdue pour la préparation mentale. Ils pensent qu'ils sont forts mentalement. Pourtant, ce n'est pas une question d'être fort ou faible, mais de s'exercer notamment sur les dizaines de situations différentes que tu rencontres lors d'un match. Comment tu réagis après un but encaissé ? Est-ce que c'est bien de réagir comme ça ? Est-ce que ce serait mieux de changer cette manière de réagir ? Eh bien, là-dessus, le préparateur mental peut t'aider...

Pour moi, la préparation mentale, c'est une évidence qu'il faut la travailler dans le football ! Certains sont transcendés par la compétition, d'autres terrorisés par la visualisation des situations... Il y a tant de choses à travailler.

À un moment, à Dijon, j'ai essayé d'intégrer un petit peu tout ça, j'ai eu les pires difficultés du monde. Le problème, c'est que les joueurs avaient eu des difficultés avant que je n'arrive avec un pseudo-préparateur mental qui était devenu un peu un gourou. Ça avait traumatisé les dirigeants de l'époque. Donc, j'ai dû attendre trois, quatre ans avant d'en ramener un, diplômé et compétent, sur la pointe des pieds. Et les joueurs étaient encore réticents pour travailler avec lui... En revanche, ceux qui l'ont fait ont eu un temps d'avance sur les autres.

Sur ce sujet, j'ai souvent eu des retours d'entraîneurs ayant peur de perdre la main sur leur groupe avec l'arrivée d'un préparateur mental. Vous n'avez pas peur de ça, vous ?

Olivier Dall'Oglio : Non, pas du tout. En fait, il s'agit de mettre en place des règles dès le départ. Mais c'est un discours que j'ai déjà entendu il y a très, très longtemps.

Quand je passais mes diplômes, il y avait déjà ce discours de vigilance sur les personnes que l'on choisissait dans son staff qui pouvaient potentiellement nous manipuler, notamment les préparateurs mentaux. Je n'ai jamais été convaincu par ça.

Le préparateur mental ne fait pas l'équipe et je le vois plutôt comme un médecin. Le médecin non plus ne me dit pas tout lorsqu'il est en consultation avec un joueur. Il ne me dit que les choses importantes, vitales. Pour le préparateur mental, c'est pareil.

Mais, bien sûr, il s'agit de bien choisir la personne, le bon préparateur mental. Il ne s'agit pas d'engager quelqu'un au hasard et de le laisser vadrouiller comme ça.

Moi, mon optique, c'est de rendre le joueur meilleur en me servant notamment des manques que j'ai pu avoir dans ma carrière. Sans doute qu'à un moment certaines personnes auraient pu m'aider à être meilleur.

Si l'on revient sur votre projet de jeu, est-ce que vous pouvez nous le réexpliquer ? Qu'est-ce que vous avez présenté à vos joueurs lorsque vous êtes arrivé ?

Olivier Dall'Oglio : J'avais quand même vu les trois quarts de leur match lorsqu'ils étaient en Ligue 2. On leur a donc expliqué qu'on allait s'inscrire dans une certaine continuité. On va garder cette ligne conductrice d'aller de l'avant, de vouloir marquer des buts, mais avec quelques changements. Il va falloir plus d'intensité, il y aura moins d'espaces, donc il va falloir être meilleurs en attaque forcément, mais aussi sur le plan défensif, où il va falloir être plus vigilant. Donc, c'était ça notre projet de jeu dans les grandes lignes : « Rassurez-vous, on va garder votre ligne de conduite et on va rajouter pas mal de petits détails derrière. » Le système est venu après.

Justement, on s'entend souvent dire, par les entraîneurs, que le système n'est pas la chose la plus importante, qu'il s'agit surtout de l'animation. Quelle importance a-t-il pour vous, ce fameux système ?

Olivier Dall'Oglio : C'est vrai que le système n'a plus la très grande importance qu'on lui a accordée il y a quelques années. On jouait alors dans un système bien défini et tout tournait autour de ce système. Mais, aujourd'hui, il continue de donner une ossature et des repères aux joueurs. Pour appliquer certains principes de jeu, ils ont aussi besoin d'avoir certains repères.

Tout votre discours sur la préparation mentale, mais surtout sur le public me paraît très intéressant. Je n'ai cependant pas l'impression de le retrouver chez beaucoup de vos collègues dans un premier temps, puis ensuite dans l'analyse médiatique du football en France. Comme si les supporters devaient se contenter des trois points et arrêter d'en demander plus. N'y a-t-il pas un manque de considération de l'ensemble du football français envers le supporter ?

Olivier Dall'Oglio : Je ne sais pas si c'est que je ne pense pas comme certains de mes collègues ou certains journalistes mais, pour moi, le public a toujours été primordial. Même en tant que joueur, faire plaisir au public, ça me faisait plaisir. En fait, je trouve ça magique de voir un stade se lever sur une action ou sur un but ! L'émotion...

Même quand je revois les matchs pour travailler, quand j'arrive aux actions de buts, je remets le son pour entendre le stade crier. Il m'est arrivé de revoir un but quatre, cinq fois, mais toujours avec le son pour revivre ce moment où le stade va crier. C'est ça qui me fait plaisir.

On se prépare, en ce moment, à vivre une saison où l'on ne pourra pas remplir les stades... Pfff... D'un, côté c'est moins de pression, mais ce n'est pas intéressant en fait.

Encore une fois aujourd'hui, j'ai l'impression que l'on trouve, dans le public, des gens qui viennent voir autre chose que simplement les trois points. Ils viennent voir un spectacle avec des événements. Je pense que, ça, il faut vraiment le prendre en compte. Ce qui est dur, c'est lorsque tu joues bien, mais que tu perds et que tu as donc des gens qui vont siffler. Et ça, pour les joueurs... Même s'il n'y a que 10 personnes sur 10000 qui t'ont sifflé, en tant que joueur, tu ne vas entendre que ces 10 personnes. Et c'est humain, on va toujours plus entendre ce qui fait du bruit. Les sifflets, les insultes...

Il faut réussir à passer au-dessus de ça pour avoir une analyse plus claire. Mais, aujourd'hui, avec les datas, les analystes vidéo, on peut avoir, après coup, une vision un peu dépassionnée du match et savoir si, oui ou non, on méritait de l'emporter. Avec ça et si le public réagit plutôt bien, tu peux te dire : « OK, on continue comme ça. »

Il y a l'adversaire en face qui entre en jeu également dans le ressenti du public...

Olivier Dall'Oglio : Oui, c'est certain. Nous, la saison dernière, on a perdu deux matchs à domicile. Le premier contre le PSG, mais les supporters n'étaient pas si mécontents. Le second contre Angers où, en fait, on avait été dominateurs, on avait eu le ballon, on avait eu des occasions, mais on avait été ultramaladroits devant le but. Eux ont eu deux occasions, notre gardien fait une erreur... En fait, les commentaires n'avaient pas été très justes. On a entendu des trucs comme : « c'est votre plus mauvais match de la saison », « vous êtes passés à côté, ça peut arriver »..., alors qu'on avait eu plus d'occasions que dans d'autres matchs qu'on a gagnés ! C'est indéniable, tout de même, que le résultat influence le commentaire sur le contenu.

Vous parliez plus haut des expected goals, *et il est vrai qu'aujourd'hui il existe une foule d'outils de ce genre pour analyser le contenu d'un match. C'est aux médias d'habituer les passionnés à les utiliser, non ?*

Olivier Dall'Oglio : Oui, mais le problème des journalistes, c'est qu'ils sont désormais dans l'urgence. Ils doivent vite faire leurs papiers à la fin du match. Donc, le temps d'analyse, ils ne l'ont pas.

Je discutais avec eux récemment et je leur parlais des notes qu'ils attribuent à la fin de la rencontre. Ils me disaient qu'on les obligeait à mettre ces notes. Mais, en fait, elles sont dictées par le résultat. Puis on note aussi les coachs. Ils me répondent : « Oui mais, vous comprenez, ça plaît au public. » Mais peut-être que, justement, vous n'aidez pas spécialement le public non plus.

Le fait d'être dans l'urgence pour faire rapidement son papier laisse sur le côté de la route un tas d'éléments dans l'analyse. Je le vois bien après les conférences de presse des coachs, ils sont là, assis par terre comme ils peuvent, à écrire à deux mille à l'heure... Donc bon, l'analyse, elle ne peut pas être complète dans ces conditions-là. On n'éduque pas le public et on reste très focalisé sur le résultat.

Et puis il y a de plus en plus de médias, donc de plus en plus de concurrence...

Olivier Dall'Oglio : Oui, bien sûr, les gens veulent de l'instantané sur leur téléphone.

Je le vois bien avec mes enfants, avec ma fille, qui est tout le temps sur son téléphone, sur le fil chrono de *L'Équipe*...

Donc, c'est bien, par rapport à ça, qu'il y ait des articles moins dans l'immédiat, plus posés. Il faut avoir les deux même si le public est beaucoup plus friand de l'instantané, il y a aussi des médias plus pointus, plus dans l'analyse qui ont vu le jour...

Dans ma pratique du journalisme, j'ai aussi constaté, par moments, un énorme décalage entre la vision de l'entraîneur et celle du journaliste. Je me souviens, par exemple, d'une victoire de l'OM à Saint-Étienne[32] *où le jeu n'avait pas été flamboyant... selon les journalistes ! Cette analyse avait beaucoup embêté Villas-Boas qui, lui, trouvait que son équipe avait très bien joué. Vous avez forcément, vous aussi, déjà constaté ce décalage entre la vision d'un entraîneur et celle de l'observateur extérieur ?*

Olivier Dall'Oglio : Ah oui, tout à fait ! Si on reprend l'exemple de ce match-là, Villas-Boas met en place une tactique pour contrer l'adversaire, le mettre en difficulté, et ça a réussi. Après, je ne me souviens pas spécialement de tous les détails de ce match, mais le principe est que sa tactique a fonctionné, donc, pour lui, il a fait un bon match. Il a réussi son coup.

Après, peut-être qu'esthétiquement, visuellement, ce n'est pas top pour le spectateur, mais bien sûr qu'en tant

32 • Victoire de l'OM deux buts à zéro à Geoffroy-Guichard le 5 février 2020.

entraîneur il a fait un bon match. Il a annihilé l'adversaire et a tenté quelques coups offensifs qui ont réussi.

Donc, quand on nous dit : « vous n'avez pas fait un bon match », ça dépend de quel côté on le voit. Tactiquement, ça pouvait être judicieux et, si c'est réussi, eh bien, pour le coach, c'est beau. Ça dépend de là où vous êtes placé.

Moi, j'ai une vision de coach et, quand je regarde des matchs, j'essaie de remarquer ce qui est intéressant tactiquement. Même si le match n'est pas beau, il y a des idées dedans. Moi, il m'a intéressé. Peut-être que ma femme qui est à côté, elle, s'est profondément ennuyée.

« ***À partir du moment où il y a des émotions, on peut considérer que l'on est dans l'art.***

Dans votre vie privée, vous êtes passionné d'art et de peinture. Est-ce que vous pensez que le football peut être une forme d'art ?

Olivier Dall'Oglio : Oui, l'art dans le football, ce sont les actions. Récemment, j'ai revu les images d'un but que nous avons marqué l'an dernier en repartant de derrière, en construisant en une ou deux touches de balle et en terminant bien. Là, je trouve qu'il y a un côté artistique, oui.

On a travaillé pour que cette fluidité existe et elle a donné l'émotion que l'on voulait avoir. On peut aussi avoir une émotion comme ça après avoir terminé un tableau, mais également après avoir vu un tableau de maître.

Pour moi, à partir du moment où il y a des émotions, on peut considérer que l'on est dans l'art.

Le football devient alors une sorte d'éducation à la beauté, non ?

Olivier Dall'Oglio : Oui, en parlant, là, je me souviens d'un but magnifique en reprise de volée de Paul Lasne, et les enfants, les adolescents plutôt, de mon adjoint se sont spontanément exclamés : « Waouh, c'était trop beau ! »

Eh oui, ce geste peut faire partie une éducation artistique pour les jeunes. Il y a un équilibre parfait que l'on peut décrypter avec plusieurs caméras... En effet, ça fait ressortir la beauté de ce geste.

Récemment, j'ai été très marqué par une interview de Julio Velasco, un grand entraîneur de volleyball argentin, qui parlait d'une autre éducation qui pouvait se faire à travers la pratique du sport. Pour lui, les médias éduquent trop au triomphalisme en ne mettant en valeur que celui qui remporte la médaille alors que les autres, derrière, ont peut-être aussi amélioré leur record personnel, améliorer leurs performances et qu'on peut trouver en eux des valeurs magnifiques...

Olivier Dall'Oglio : Oui, ce sont des victoires sur soi-même. C'est mettre en valeur certains challenges personnels. On en a tous. Moi, quand j'étais joueur, je savais que je n'étais pas un buteur, mais mon challenge à moi, c'était de m'améliorer dans tout le reste.

Parce que, oui, on parle toujours du vainqueur, en France, on se moque un peu de Poulidor, etc., mais il faut être capable de voir et d'apprécier les efforts et les challenges personnels que s'imposent tous les athlètes. Dans notre société, c'est compliqué pour ça au niveau éducatif, il faudrait que l'on soit un peu plus porté sur ce genre de valeur. Les exemples que l'on utilise, ce sont souvent les gagnants...

D'ailleurs, en Ligue 1, sauver le Stade Brestois est sans doute devenu plus difficile que de gagner le titre avec le Paris Saint-Germain depuis quelques années. Par rapport à ce fameux triomphalisme, à ce fameux « on ne retient que les vainqueurs », j'ai l'impression que ça ne devrait plus avoir beaucoup de valeur en Ligue 1...

Olivier Dall'Oglio : Bon, par rapport au PSG, gagner le titre, ce n'est jamais facile. Il ne faut pas le banaliser et Tuchel est un très bon coach. Ils ont en effet un effectif largement au-dessus des autres qui peut même, par moments, nous faire penser qu'on ne fait pas le même métier.

Après, il faudrait qu'il y ait différents vainqueurs, en effet. Mais est-ce que ça va intéresser le grand public ? Nous, on souligne notre performance à notre niveau, dans notre région. Au niveau national, au niveau international, il n'y a que les initiés qui le remarquent. Après, le grand public s'intéresse surtout au PSG champion, à l'OM deuxième...

Mais il y a de plus en plus de monde qui sort un peu de l'autoroute de l'information, qui va s'intéresser aux choses sur les côtés.

Pour revenir à votre carrière personnelle, on a l'impression que vous avez cette étiquette de bon coach que l'on n'enverra jamais dans un gros club français avec ce type de justification : « Oui, mais, lui, il n'a pas assez de carrure, il ne sait pas gérer des stars... » Et pourtant, on imagine bien que vous aimeriez avoir votre chance à Marseille ou à Lyon...

Olivier Dall'Oglio : Oui, bien sûr, mais c'est très pratique, ça. On met les gens dans des cases, dans les tiroirs... Moi, aujourd'hui, je suis l'entraîneur capable de maintenir une équipe, rien d'autre. Jean-Marc Furlan, lui, on va le mettre dans la case « spécialiste de la montée, mais pas capable de maintenir l'équipe en Ligue 1 ».

C'est absurde, complètement absurde. Mais ça vient aussi des présidents qui sont frileux par rapport à ce qu'ils vont proposer à leur public. Par exemple, si je viens à l'OM et que ça ne marche pas, on va se retourner vers le président en lui demandant des comptes. « Vous avez pris un coach qui n'a pas l'envergure, qu'est-ce que vous avez fait ? » En revanche, si on prend Bielsa ou une pointure et qu'il ne réussit pas, le président va moins se faire attaquer. Donc, en fait, le président se protège en allant chercher un gars qui a un nom, une réputation...

Pour réussir à sortir du tiroir, il faut faire un exploit avec sa petite équipe, puis refaire un exploit avec une équipe d'une envergure un peu plus grande et avancer comme ça. C'est vraiment difficile parce que, moi, je connais des coachs amateurs qui sont vraiment très, très, très bons. J'ai croisé des gars talentueux, compétents, mais qui n'ont pas eu la chance de pouvoir s'exprimer plus haut. Je lis aussi pas mal de biographies et c'est là où tu te rends compte que certaines histoires ne tiennent pas à grand-chose. Un gars comme Ferguson aurait pu passer inaperçu s'il avait perdu un ou deux matchs charnières dans sa carrière. Mais il a réussi à les gagner et est devenu un énorme entraîneur plus tard.

Ou alors, pour accéder à un grand club, il faut avoir été un grand joueur. Par exemple, Laurent Blanc a tout de suite accès à Bordeaux. Même si, attention, Laurent y va et gagne des titres, donc bien sûr qu'il est compétent. Mais, moi, quand j'ai commencé à entraîner, j'ai entraîné une DH. Didier Deschamps, quand il a commencé à entraîner, a entraîné Monaco. On ne part pas du même point.

Comme vous l'avez dit, c'est encore plus dur pour les entraîneurs amateurs. Pour eux, il est pratiquement impossible de réussir à obtenir le diplôme d'entraîneur professionnel… Quand on compare avec l'étranger, les Sarri, les Nagelsmann, on ne peut pas à cause de notre système de formation des entraîneurs…

Olivier Dall'Oglio : Oui, c'est vrai et on peut rajouter aussi les Portugais. Quand tu n'as pas été joueur en France, il faut encore plus faire ses preuves pour avoir son diplôme, et même pour être accepté à passer le diplôme, déjà. Ça s'ouvre un petit peu plus... Mais, à un moment, c'est vraiment aux présidents de prendre leurs responsabilités...

Moi, sans le président de Dijon, je ne serais pas sorti de ma case de formateur. On avait beaucoup de mal à me voir comme autre chose qu'un formateur chez les journalistes, mais aussi chez les présidents. Puis à Dijon, j'arrive comme adjoint avec mes deux diplômes, de formateur et de coach. Un jour, en discutant avec le président, il me dit : « Je ne prendrai jamais un formateur comme coach. » Il m'explique que le formateur n'a pas la compétence pour ça. Alors, je lui ai parlé de Wenger et de dix ou quinze autres entraîneurs qui avaient été formateurs avant ça, et sa réflexion a commencé à évoluer...

Passer de formateur à coach aussi, ce n'est pas facile. On ne m'y a pas encouragé, on m'expliquait plutôt qu'il fallait que je reste à ma place, pourquoi j'allais aller m'embêter à passer un autre diplôme... ?

C'est compliqué de faire évoluer ces mentalités-là...

Olivier Dall'Oglio : Bien sûr, c'est compliqué. Moi, j'adore discuter avec des présidents...

J'ai été formateur pendant cinq ans au Nîmes Olympique et je voyais passer les coachs. Quand je demandais au président comment il choisissait ses coachs, les raisons variaient. Soit il a déjà eu des résultats, soit le mec présente bien, il parle bien... Je l'ai entendu, ça ! Il est sympa, l'entretien s'est bien passé. Des trucs qui m'ont scotché, vraiment ! Mais quand je demandais ce qu'il en était de la compétence foot, il y avait un gros blanc, parce qu'il faut qu'il puisse présenter un projet de jeu avec son staff, par rapport à la structure de votre club, etc.

Moi, j'étais là, à côté mais, si je ne me manifestais pas, personne ne me verrait, même avec des résultats chez les jeunes.

En 2004, je vais en finale de la Gambardella avec le Nîmes Olympique. En 2005, je ne suis pas concerné par le choix de l'entraîneur.

En fait, avoir une image médiatique pour un entraîneur, c'est très important pour séduire un président. C'est sans doute pour ça que beaucoup deviennent consultants sur des chaînes de télévision...

Olivier Dall'Oglio : Oui, c'est très important d'avoir une bonne image médiatique.

Quand on peut avoir cette image-là au niveau de la communication, ça peut devenir important. Il faut la travailler. Quand on devient consultant, on a une certaine visibilité. On plaît ou on ne plaît pas mais, en tout cas, on est à l'antenne alors que les autres qui sont dans les coulisses auront encore moins de chance d'être considérés.

8

Le cas nantais

Le paradis perdu…

Il est tout simplement inconcevable de se lancer dans l'analyse historique du jeu « à la française », de se plonger dans la psyché de l'entraîneur de football bleu-blanc-rouge sans faire un tour par les Pays de la Loire. Berceau d'un FC Nantes qui, pendant plusieurs décennies, a réussi la synthèse parfaite, ou presque, entre différents éléments entrevus jusqu'ici chez les coachs interrogés pour ce livre : une méthode d'entraînement particulière comme chez Casanova, l'identification du public comme chez Hantz, le plaisir pris devant le jeu produit comme chez Dall'Oglio[33]…

33 • Même si, bien évidemment, la méthode d'entraînement au FC Nantes n'était pas celle qu'utilise Casanova, le public était fier de son équipe, mais pas exactement de la même manière que l'étaient les Corses avec le Bastia d'Hantz, et le jeu produit sur le terrain n'avait pas forcément les caractéristiques du Dijon ou du Brest de Dall'Oglio.

Ce club réussissait le tour de force de satisfaire non seulement ses joueurs, ses entraîneurs, ses supporters, mais aussi de séduire le fan de football « neutre », qui savait qu'il allait passer un bon moment devant un match des Canaris. Même les joueurs adverses n'étaient pas tout à fait immunisés au charme du FC Nantes. Bernard Bosquier, justement, a été l'un des grands joueurs français des années 1960 et surtout 1970, il se souvient : « C'était difficile de jouer contre eux même si, moi, je suis tombé dans des équipes compétitives (Saint-Étienne, Marseille) quand eux étaient en plein boom. Mais oui, avec Philippe Gondet puis José Arribas, pfiou, c'était de super entraîneurs ! Quand on est joueurs, on parle entre nous et on savait ce qu'ils faisaient à l'entraînement, les Nantais. Puis Arribas est devenu entraîneur second en équipe de France (de septembre à novembre 1966), on l'a vu dans sa manière de s'exprimer, de se comporter avec les joueurs. Un grand entraîneur, il n'y a pas de miracle ! »

Le miracle va être, en fait, de voir ce grand entraîneur inaugurer une lignée d'entraîneurs dans le même club. Il va être le premier des Mohicans, enfin le premier des cinq Mohicans. De 1960 à 2001, seuls cinq techniciens vont occuper le banc de touche nantais avec une filiation évidente qui va se dessiner entre trois d'entre eux : Arribas, Suaudeau et Denoueix. Leurs équipes ne jouaient pas tout à fait de la même manière, mais le fait que Suaudeau et Denoueix aient tous les deux évolué en tant que joueurs dans l'équipe d'Arribas, puis aient tous les deux travaillé au centre de formation d'où émergeaient un nombre important d'éléments de l'équipe fanion du club a permis la mise en place d'un cercle vertueux, stable, unique en France. L'amateur de football français va petit à petit se mettre à parler de « jeu à la nantaise », une expression regroupant surtout des idées de collectif et d'allant offensif qu'on ne retrouvait pas forcément ailleurs. Sans oublier les titres. Huit de champion de France entre 1965 et 2001 assortis de sept places de dauphin en D1 et de trois coupes de France.

Du jeu, des titres, des joueurs heureux, des entraîneurs pouvant travailler dans la stabilité puis… les années 2000. Si José Arribas était le premier des Mohicans, alors Raynald Denoueix en est le dernier. Licencié au cours de la saison 2001-2002 par le nouvel actionnaire (Socpresse) qui promettait de changer le mode de fonctionnement du club, le départ du coach, pourtant encore auréolé de son titre de champion de la saison précédente, va coïncider avec la fin d'un idéal, sans doute beaucoup trop fantasmé par les médias, mais qui aura, bon an mal an, perdurait pendant quarante et un ans. « Le jeu à la nantaise », la stabilité sur le banc, tout ça, c'est fini. Comme les titres et les internationaux en pagaille qui sortent du centre de formation. Place désormais aux luttes pour le maintien, aux mercatos loufoques et aux changements en tous genres à tous les étages du club.

Après la Socpresse (en 2001), c'est Serge Dassault (en 2004) qui devient propriétaire du club pour quelques années avant de le céder, en 2007, à Waldemar Kita. Si l'homme d'affaires franco-polonais va ramener une certaine stabilité dans l'actionnariat, puisqu'il est toujours le propriétaire de l'institution en 2021, il va instaurer un turnover invraisemblable sur le banc de touche. Oubliez les cinq coachs en quarante ans, avec Kita, c'est dix-sept en quatorze ans ! Si ce n'est pour ses couleurs particulières, il est désormais quasi impossible de distinguer sur le terrain le FC Nantes de n'importe quel autre club français. Par instants, ce glorieux héritage du « jeu à la nantaise », de « la formation à la nantaise » semble même embarrasser des dirigeants actuels ayant un mal fou à l'assumer dignement. En réalité, c'est en tribunes que l'amour de ce qu'est censé être le FC Nantes reste le plus vivace. Dans la difficulté, un engouement exceptionnel s'est créé dans les gradins afin de soutenir ce monument en péril relégué à deux reprises au deuxième échelon national ces vingt dernières années (2007 et 2009).

Ces supporters, si souvent stigmatisés par leur propre direction, semblent nostalgiques d'une époque que nombre d'entre eux n'ont pas vécue, mais qu'ils se refusent en tout cas à laisser mourir.

Un gâchis ? Un paradis perdu piétiné et labouré sans vergogne par les affres du football moderne ?

Sans doute, mais plutôt que de continuer à vous faire la rédaction du « FC Nantes pour les Nuls », il m'est apparu beaucoup plus pertinent de donner la parole à deux acteurs majeurs de cette histoire : tout d'abord aux supporters par l'intermédiaire de Pierre-Marie, simple amoureux du club qui vit le drame actuel en tribunes, puis au dernier des Mohicans, Raynald Denoueix, pour nous souvenir de ce qu'a longtemps produit Nantes.

> ***Pierre-Marie : « Clairement, l'héritage culturel du club a été dilapidé et n'existe plus. La seule chose qui perdure dans le temps, c'est ce public nantais. »***

Est-ce que tu peux te présenter et présenter ta relation au FC Nantes ?

Pierre-Marie : Salut, « PM », 28 ans, supporter du FC Nantes depuis gamin. Transmission intergénérationnelle, grand-père abonné au stade Marcel-Saupin, mon père allait au stade et, après, j'ai pris la relève. On a ça dans le sang chez nous (rires). Mon premier match, c'était un Nantes-Sochaux. Je n'avais même pas 10 ans, c'est mon parrain qui me prend chez mes parents et qui m'amène dans notre antre.

Sinon, je ne suis pas abonné, mais je squatte la tribune Loire depuis plus de 13 ans et je fais quelques déplacements dans l'année en fonction des disponibilités et surtout en fonction des libertés que nous laissent les préfectures.

Qu'est-ce que tu viens chercher au stade ?

Pierre-Marie : Déjà, quand je viens et quand on vient au stade, c'est pour voir l'équipe de notre ville ou celle de notre cœur, celle que l'on supporte depuis longtemps, très longtemps.

Concernant l'attente, ce que l'on vient chercher au stade, cela fluctue en fonction des années, des équipes, des entraîneurs. On vient toujours dans l'idée de supporter son équipe, mais notre façon de supporter le club varie en fonction de ce que nous voyons sur le terrain.

L'ambiance actuellement pourrait être comparée à un soufflé que tu sors du four. Ça gonfle et, après, ça se rapetisse. On a eu des ambiances de feu, lors des années de post-remontée, avec Michel Der Zakarian[34], des Nantes-Évian, des Nantes-Sochaux où tu ressors totalement aphone tellement tu t'es donné, tellement la tribune Loire s'est donnée. C'était le feu autant sur le terrain qu'en tribunes. Toute une génération n'attendait que le retour en L1, tu avais aussi des jeunes qui n'avaient pas ou très peu connu la L1, qui voulaient essayer de s'approprier une histoire avec ce club, de revivre quelque chose de fort. Actuellement, on va dire que l'ambiance vivote. Sur les gros matchs, il y a pas mal de footix[35] ou de spectateurs qui se disent « je vais aller en tribune Loire », mais qui ne se donnent pas à fond pour l'équipe. Notre *capo* Romain et d'autres ont beau haranguer la foule, il y a une certaine forme de lassitude, tu sens que la mentalité a changé, et ce pour diverses raisons. Maintenant, on vient un peu au stade en mode « robot », c'est mécanique, il n'y a plus ce petit plus, cette petite flamme. On y vient aussi parce qu'on sait qu'il y a ce petit côté revendicatif à faire entendre à l'encontre de la direction actuelle du club.

La particularité de Nantes, c'est aussi qu'au fur et à mesure que le club devenait médiocre sur le terrain, les supporters se

34 • Remontée en Ligue 1 actée en 2012-2013.

35 • Terme péjoratif pour désigner un fan de football opportuniste.

sont accrochés et sont devenus plus fervents, beaucoup plus présents dans leur soutien à l'équipe. Comment t'expliques ça ?

Pierre-Marie : On va dire que l'attachement au club est monté d'un cran lors de la première descente du club, puis est monté crescendo lors du départ de Michel Der Zakarian.

Si je reviens sur l'histoire de la première descente, le club était en L1 depuis 44 ans, et ce consécutivement. À l'époque, nous avions le record de longévité en France en première division. Cette descente a fait très mal au club, aux supporters, à la ville.

« *Ce club est un aéroport, on prend un avion pour y venir et on en reprend un pour en partir.*

Avant de passer à Kita, si tu devais décrire la spécificité du FC Nantes, comment tu t'y prendrais ? En gros, qu'est-ce que ce club a ou avait de différent de Bordeaux, de Marseille ou de Lens ?

Pierre-Marie : Comment définir le club, mon club ? Hum, pour résumer la chose, il faut parler d'ADN, d'intelligence collective, de la transmission (qu'elle soit dans le jeu ou dans la « filiation » de génération en génération), ce club était ou est une institution à part entière.

Cet ADN a commencé sous José Arribas, sous Jean Vincent, puis sous Jean-Claude Suaudeau, pour finir avec Raynald Denoueix. Cet ADN a été façonné par les 4 entraîneurs que je viens de citer. Par leur personnalité, leur vision du jeu, ils ont posé les bases d'un football différent, celui où le « JEU » passait devant le « JE », le pouvoir du collectif au service du collectif. Cette identité de club vise à mettre en avant les qualités des hommes, des footballeurs pour leur permettre d'être en symbiose entre eux. Les quatre « fantastiques » cités précédemment ont permis à des hommes de se développer en tant qu'hommes, mais ensuite à ceux-ci de marquer des générations.

Ce club se différencie des autres par un style qui était avant-gardiste (sous Arribas). Ce club n'a jamais eu de star, à proprement parler. Bon, il y a Henri Michel, le « GOAT » du club, celui que personne n'a égalé et que personne n'égalera. Mais très peu de joueurs ressortent d'une équipe ou crèvent l'écran. Si on prend la génération de 1995, on parle d'un collectif avec des individualités extraordinaires, mais on met, avant tout, l'équipe en avant, avec son entraîneur. Bien sûr, certaines actions, certains buts ressortent rapidement de la mémoire des gens mais, si l'on regarde attentivement la composition de l'équipe, c'est la force collective de cette équipe qui est d'abord mise en avant.

L'identification du club est si forte que les anciens joueurs ont conscience d'avoir été dans une seconde famille. Celle qui les a forgés comme hommes, celle qui leur a inculqué des valeurs humaines, avec une certaine philosophie de jeu. L'esprit convivial et familial était la marque de fabrique du club.

Passons à l'ère Kita, comment tu la décrirais en quelques phrases ?

Pierre-Marie : Concernant l'ère Kita, on peut la décrire succinctement en quelques mots : descente aux enfers, bafouement des valeurs du club, club en état « végétatif ». Très peu des « attributs » que l'on pouvait donner historiquement au club sont encore présents actuellement. Ce club fait désormais plus sa renommée dans les affaires extrasportives, les faits divers que dans les rubriques de foot.

Les années passent sur les bords de la Jonelière, mais rien ne change, les joueurs qui arrivent, déçoivent, à quelques exceptions près, l'impatience des dirigeants est chronique, les entraîneurs défilent... Nous, supporters, en avons marre. Aucune des erreurs du passé ne sert pour le futur. Toujours les mêmes erreurs de recrutement, les mêmes frasques sportives ou extrasportives.

Si l'on pouvait résumer l'ère Kita en une métaphore, on pourrait reprendre celle de *L'Équipe* dans son édition du 30 décembre 2020 : « Le Bateau Ivre ». Quatorze entraîneurs en quatorze ans (sans compter les intérimaires), depuis 2007, 85 arrivées de joueurs, 112 départs. Ce club est un aéroport, on prend un avion pour y venir et on en reprend un pour en partir. D'ailleurs, Claudio Ranieri, lors de son bref passage au club, avait dit que la Jonelière était un aéroport, le joueur arrive et, paf, il repart.

Bref, tout ce qui va à l'encontre de la philosophie, de l'ADN de ce qu'était ce club...

Est-ce que tu as le sentiment qu'il a dilapidé l'héritage culturel du club ?

Pierre-Marie : Clairement, l'héritage culturel du club a été dilapidé et n'existe plus. La seule chose qui perdure dans le temps, c'est ce public nantais. Si je reprends l'une de tes questions précédentes « En gros, qu'est-ce que ce club a ou avait de différent de Bordeaux, de Marseille ou de Lens ? » : aujourd'hui, plus rien ne correspond à ce qui était enseigné par le passé. On ne forme plus des individus avec un collectif, on forme un footballeur.

L'intelligence de jeu ressort chez certains joueurs, certains « cracks ». Cependant, l'individu sans le collectif ne peut pas faire grand-chose. De ce fait, on voit apparaître, d'année en année, quelques « très bons joueurs », mais leur intelligence de jeu est diluée dans un collectif moribond, avec des joueurs qui mettent en avant leur personne, et ce au détriment du collectif. De ce fait, l'héritage du club ne peut actuellement être représenté, et ce de manière brève, que par quelques individus (des Louza, des Randal Kolo Muani) ou par de gros parcours en Gambardella.

L'héritage ne survit actuellement que par les incessants rappels du passé, les flashbacks sur des équipes ayant écrit des pages de l'histoire du club. Quand on ne peut ressortir que le passé et non plus le présent, cela témoigne d'un problème existentiel.

Denoueix : « C'est sûr que, si l'on ne veut pas être surpris, on ne va pas surprendre ! »

Si je vous dis que la Ligue 1 est un championnat ennuyeux, qu'est-ce ça vous inspire ?

Raynald Denoueix : Bon, déjà, il faut que je sois franc avec vous : cette saison, je n'ai pas vu beaucoup de matchs de Ligue 1 parce que je me suis un peu perdu dans les histoires de droits de télévision. J'avoue qu'avec mes ennuis de santé je n'ai pas tout suivi sur ce terrain-là. Ça a commencé la saison passée, je me rappelle que, huit jours avant le début de la Ligue des champions, j'ai appelé mon ami Omar da Fonseca à BeIn qui m'a confirmé que la chaîne n'avait plus les droits. Je voulais quand même voir la Ligue des champions parce que, pour en revenir à votre sujet, c'est une compétition où on ne s'ennuie pas. Il fallait donc que je sois chez SFR pour prendre RMC Sport, mais je n'étais pas chez le bon opérateur, j'ai fait installer une parabole, la fibre. Quelques jours plus tard, SFR et Canal se mettent d'accord et, pour 9 euros et en trois clics, je suis abonné.

Cette saison, avec l'arrivée en plus de la chaîne Téléfoot, je vous avoue que je ne suis pas emmerdé... Je continue quand même à suivre Nantes, je suis intéressé et j'essaie de sélectionner un ou deux matchs qui m'intéressent. Mais ce qu'il faut prendre en compte par rapport à votre question, c'est que le foot, ce n'est pas un spectacle, c'est de la compétition. Un spectacle, c'est préparé et répété. À 98 %, on sait ce qui va se passer. Les gens qui regardent un match doivent s'attendre à tout. Qu'est-ce qu'ils viennent chercher dans ce match ?

Moi, il y a des choses qui m'intéressent dans un match lorsque je le regarde. Donc, on en arrive à cette question : comment on regarde également un match de foot ? Il y a quelques années, il y avait des collègues à vous qui avaient écrit un livre sur ce sujet, justement[36].

Eh bien, justement, c'est la deuxième question bateau que je pose à la majorité des personnes interrogées dans ce livre : pour vous, qu'est-ce qu'un spectateur vient voir en priorité dans un match de football ?

Raynald Denoueix : Qu'est-ce que l'on recherche lorsque l'on se pose devant un match ? Est-ce qu'on est un supporter acharné qui veut avant tout voir la victoire de son équipe ? Donc, là, quoi qu'il arrive, on est intéressé.

Est-ce que c'est quelqu'un qui aime le foot, en général ? Lui, il va chercher autre chose. Est-ce que c'est quelqu'un qui ne connaît pas trop le sport qui regarde de façon peu attentive... ? D'ailleurs, on voit aujourd'hui comment évolue la consommation du sport. Pour moi, regarder un match sur mon portable, c'est tout simplement inconcevable. Mais je suppose alors que l'on revient à la question : « Qu'est-ce qu'on vient chercher dans notre match de foot ? »

Ça me permet de rebondir sur ce discours que l'on entend de plus en plus chez les dirigeants du football français : « La Ligue 1 est désormais en concurrence avec Netflix, les jeux

36 • Raphaël Cosmidis, Christophe Kuchly, Gilles Juan et Julien Momont, *Comment regarder un match de foot ?*, Solar, 2016.

vidéo, etc. », d'où l'importance grandissante d'améliorer le spectacle, des buts, des actions, pour continuer à attirer les jeunes populations.

Raynald Denoueix : Oui, mais, aux jeunes générations, comment on leur parle du foot, pour qu'elles aient une idée de ce qui pourrait les intéresser avant de regarder un match ?

Parce qu'aujourd'hui, médiatiquement, la manière dont on parle du foot est souvent assez éloignée du terrain. Je me souviens d'un ancien journaliste pour France Football et *L'Équipe* qui me disait : « Mais Raynald, tu sais que le moment où l'on vend le plus de magazines et de journaux, c'est à l'été lorsqu'il n'y a pas de matchs, mais le mercato ! » C'est déjà assez significatif. Ce qui intéresse les gens, c'est de savoir si Maradona va signer à Marseille, si Beckham va rejoindre le PSG... C'est sûr que ces personnes-là ont des chances de s'emmerder devant un match.

Et...

Raynald Denoueix : Mais, tout à l'heure, tu as utilisé le mot « action ». Ah ! Il y a plein de choses dans le mot « action » : comment on la construit, qu'est-ce que l'on appelle « action »... Là, on revient sur le terrain. Mais ces débats-là ne sont pas dans l'excès et donc n'intéressent pas les gens.

Il y a plein de petits « à-côté », des images, des polémiques sur les réseaux sociaux qui ont pris le dessus.

C'est aussi une responsabilité médiatique. Lorsque Marcelo Bielsa termine quatrième à l'Olympique de Marseille, le stade est plein même si le résultat final était moyen. Mais l'accent médiatique a plutôt été mis sur la déception du résultat plutôt que sur le fait d'essayer de comprendre pourquoi les supporters ont continué de s'enthousiasmer jusqu'au bout…

Raynald Denoueix : Oui, effectivement. Récemment, quelqu'un m'a appelé pour me demander : « Qu'est-ce qu'un bon entraîneur ? » Malheureusement, je lui ai répondu que, pour faire simple, un bon entraîneur était un entraîneur qui avait des résultats. C'est la vérité pour 99 % des gens.

Tuchel arrive à Paris, c'est un génie, ses résultats baissent un peu, il est mis sur la sellette. C'est le résultat qui est mis au centre. Pourquoi et comment on y arrive ? J'ai l'impression que les gens n'en ont rien à foutre.

« La tactique pour moi, c'est de prendre des informations, d'analyser, de décider.

Le pourquoi et le comment, c'est la direction que vous aimeriez que les médias français prennent ?

Raynald Denoueix : Eh bien, oui ! Comme je le dis toujours, le succès, ce n'est pas l'objectif, c'est la conséquence ! Comment on s'y prend ?

Pour que les gens puissent pleinement apprécier, je pense qu'il faudrait que le président dise clairement en début de saison : « Je choisis tel entraîneur parce que je veux que mon club dégage telle image, qu'il ait tels résultats. Et je pense qu'il convient à l'histoire du club par rapport à la discussion que l'on a eue. »

Parce qu'effectivement, à Marseille, il n'y a pas la même culture qu'à Strasbourg ou à Brest ou à Saint-Lô. En arrivant dans un club, un entraîneur est obligé de s'imprégner de la culture. On ne va pas employer le mot philosophie qui ne correspond pas forcément au football, mais plutôt celui de culture, d'histoire du club. C'est très important au départ que de fixer les bases. Et puis, après douze ou treize matchs, être capable de voir là où on en est par rapport à ses bases.

Après, il y a aussi les étiquettes médiatiques dont il est difficile de se départir en France pour pouvoir être jugé sur autre chose que son expérience passée. Olivier Dall'Oglio, qui réussit de belles choses avec Brest, garde pourtant cette étiquette de « bon coach pour jouer le bas de tableau » alors qu'avoir ses résultats avec ses moyens…

Raynald Denoueix : Ah oui, bien sûr, c'est marrant que vous me parliez de ça. Il y a quelques semaines, un journaliste m'a appelé pour me parler tout d'abord de la possession de balle puis, à un moment, il me parle de Dall'Oglio, parce que ses équipes sortent effectivement bien le ballon.

Il m'avait parlé, ce journaliste, de « relance à la nantaise », je lui ai répondu que je n'avais jamais entendu parler de ce terme. Récemment, j'ai vu des stats où, justement, alors qu'on colle cette étiquette à Dall'Oglio d'être un entraîneur de possession, eh bien, il n'avait pas du tout eu la majorité de la possession du ballon sur les trois derniers matchs. Comme quoi, les étiquettes…

Mais, effectivement, il a sans doute plus de « mérite » parce que c'est plus difficile. Pour moi, il n'y a pas de choses plus importantes que d'autres dans le foot, mais il y a une chronologie. D'abord, on a des joueurs. Ensuite, en fonction de ses joueurs, on va pouvoir s'organiser pour s'animer. J'entends souvent : l'animation, c'est ce qui compte, l'organisation, peu importe. C'est une connerie monumentale parce que, en fonction de l'organisation, il y a des choses qui vont pouvoir être faites pour s'animer offensivement et défensivement. Ça va dépendre de l'organisation, qui va dépendre des joueurs que l'on a.

Si l'on veut ressortir le ballon du gardien, quels joueurs on a ? Sont-ils capables de faire ça ? C'est pour ça que, lorsque l'on regarde un match, il faut avoir les idées claires et des mots. Je pinaille un peu, mais l'organisation, c'est l'organisation. La tactique, pour moi, c'est de prendre des informations, d'analyser, de décider. Ensuite, on va réaliser techniquement. Mais, pour réaliser, il faut aussi avoir du physique et du mental.

Vraiment, l'organisation, c'est important. Pour le joueur, pour savoir où se placer, ça a un rapport avec la zone, les distances, pour couvrir l'espace, le partenaire. Et ça, c'est la première des choses que je vais regarder quand je regarde un match !

Quand j'aidais sur Canal pour faire des commentaires de match, je leur disais que ça aurait été bien de faire un plan large de trois-quatre minutes pour pouvoir bien apprécier les placements des deux équipes, même si on sait aujourd'hui que cette organisation va se déformer pour la plupart des équipes. Et c'est là, quand certaines organisations ne se déforment jamais, que certains peuvent éventuellement s'emmerder, d'où la fameuse expression : « On était bien en place. » Si les joueurs n'ont pas bougé d'un poil... C'est sûr que, si l'on ne veut pas être surpris, on ne va pas surprendre !

Quand deux équipes cherchent à coller l'une à l'autre dans l'organisation, eh bien, on est constamment dans la bagarre, dans ce qu'on appelle le duel, c'est le joueur qui va réussir à prendre le dessus sur l'autre qui va éventuellement créer un décalage.

Alain Casanova, lui, m'a expliqué que cette volonté de contrôle tactique en Ligue 1 pouvait aller à l'encontre de l'intensité et que c'est cette intensité qui pouvait rendre d'autres championnats plus attractifs. Qu'est-ce que vous pensez de cette théorie sur la volonté de contrôle... ?

Raynald Denoueix : Le contrôle de quoi ?

Des espaces, des temps forts, des temps faibles, du rythme...

Raynald Denoueix : Déjà, l'emploi du mot « tactique » me dérange. Quand un match est très fermé, on dit souvent : « Il est très tactique. » Donc, s'il y a quatre à zéro, la notion de tactique n'apparaît pas ? C'est un mot qui est très peu employé par ceux qui commentent. On parle plutôt de technique, de folie, d'être en place, mais pas de « tactique »... du moins, pas dans le sens où, moi, je le conçois, c'est-à-dire, je le répète : prendre des informations, analyser puis décider.

Il y a quelques mois, j'avais lu un article très intéressant dans *Vestiaires* sur les centres de formation en Europe, et notamment celui de Benfica. Le responsable du centre expliquait qu'il n'apprenait pas aux jeunes à dribbler, à conduire le ballon, à tacler ou à frapper, mais à jouer ! Parce que tout est tactique, dans le sens d'« intelligence de jeu ».

Même dribbler, avant d'être technique, c'est de l'imagination. Faire semblant de partir à gauche pour aller à droite, c'est de l'imagination. Les déplacements, ce n'est pas non plus de la technique. L'autre jour, quand Messi laisse passer le ballon pour Griezmann, il n'y a aucune intervention technique, il a laissé passer le ballon. C'est de l'intelligence de jeu. Ce n'est que ça ! La plus grande responsabilité qu'on puisse avoir, nous, entraîneurs, c'est le profil de joueurs que l'on va choisir.

Veut-on, avant tout, ce qui me semble logique, des joueurs intelligents dans le jeu ? Des joueurs qui font les bons choix constamment et réalisent, ensuite, techniquement. Est-ce que je passe à gauche, à droite, je la dégage en touche, je la laisse passer ? Tout ça en fonction de l'état du terrain, de l'évolution du score, de ma connaissance de mes partenaires... Pirlo disait : « Toute ma vie, j'ai joué avec ma tête. »

Donc, c'est avant tout l'intelligence. Mais est-ce que l'on met avant tout les joueurs les plus intelligents sur le terrain ? Ou les plus costauds, les plus aptes à remporter les duels ? Qu'est-ce qu'on veut voir ? Est-ce qu'un entraîneur est en capacité de former le groupe de joueurs qu'il veut pour mettre en place l'idée de jeu qu'il veut ? Pas toujours...

Si Dall'Oglio veut ressortir constamment le ballon de derrière, est-ce qu'il aura le gardien capable de le faire, tout d'abord ? Et des défenseurs et des milieux pour remonter également ?

Justement, ça me rappelle un match OM-Brest, saison 2019-2020 (2-1) où l'équipe de Dall'Oglio essaie de relancer, est pressée, perd un grand nombre de ballons dangereux. Après la rencontre, l'entraîneur breton avait regretté le manque de maturité de ses joueurs qui auraient pu parfois donner un peu d'air à leur équipe. Mais, là où je veux en venir, c'est que l'entraîneur a aussi cette responsabilité de formuler certaines demandes à ses hommes, non ?

Raynald Denoueix : L'entraîneur doit apprécier la capacité de ses joueurs. Il y a un exemple évident, c'est Barcelone. À un moment, Barcelone était capable de repartir dans ses 6 mètres, sans problème. Aujourd'hui, ils en sont beaucoup moins capables. Ils perdent la balle dans des zones dangereuses et on en revient à l'intelligence de jeu. Est-ce que le joueur est capable d'analyser ce qui se passe autour de lui ? Je suis pressé, est-ce que, si je la donne à ce partenaire, il a la capacité de ne pas la perdre ? Il faut aussi que ce soit clair et qu'il y ait une demande qui ait été faite par l'entraîneur. Puis, pour que ça soit possible, il faut que, lors de l'entraînement pendant les jeux, il y ait des joueurs qui se démarquent.

Parce que ce que je vois la plupart du temps en Ligue 1, notamment sur les touches, c'est qu'il y a, à proximité, trois ou quatre partenaires de l'équipe qui a le ballon, mais... qui sont au marquage des joueurs adverses ! Ça restreint beaucoup les possibilités et, généralement, on perd le ballon. Mais quand on a le ballon, pour moi, tout le monde doit se démarquer. Ça me paraît être d'une logique évidente.

Mais si l'on reste au marquage, bon, on revient à « être bien en place ». On anticipe sur la perte, donc on a le ballon, mais, même si on la perd, je ne serais pas en difficulté, car je suis au contact de mon adversaire. Alors que, si je suis défenseur central, on la perd, l'avant-centre est à quatre-cinq mètres, les conséquences peuvent être de ma faute.

Il faut donc savoir ce que l'on demande et jusqu'où on peut aller. Par exemple, quand Barcelone prend un but sur une perte de balle après une relance courte au Bernabéu en 2009, Guardiola continue dans cette idée et va même encore plus loin. Et ils finissent par s'imposer avec un très large écart. Mais c'est le grand Barça avec des joueurs comme Abidal et Puyol, capables de revenir à 200 à l'heure...

« C'est l'intelligence collective d'une équipe qui m'intéresse, moi.

Ce Barcelone-là, ce n'est pas vraiment la Ligue 1, c'est certain...

Raynald Denoueix : Oui, mais il avait tout ce qu'il faut, à ce moment-là, au niveau de la qualité des joueurs. Et puis surtout, eux, ils jouaient à l'envers. Enfin, à l'envers, je veux dire... Qu'est-ce qu'on dit en France, nous ? Si l'équipe défend bien, ça nous permettra de bien attaquer. À Barcelone, c'est le contraire. Ils attaquent bien en amenant sept, huit mecs près du but adverse et, une fois qu'ils sont là, ils ne perdaient pratiquement la balle que quand ils le voulaient. Au moment où ils la perdaient, ils s'y attendaient presque par rapport à la dernière passe qu'ils voulaient tenter. Donc, en deux secondes, ils fondent sur leurs adversaires qui n'avaient généralement pas le temps de faire deux passes.

Donc, eux, s'ils attaquent bien, ils défendent bien. Mais c'était Barcelone avec une super équipe parce que, dernièrement, ils peuvent de moins en moins faire ça. J'y reviens, il y a d'abord des joueurs qui doivent être capables de s'animer. Qu'est-ce qu'on est capables de faire ? Et si le président explique : « moi, je veux que mon équipe joue comme ça », est-ce que les gens sont capables d'accepter qu'on prenne des buts ?

Pareil, est-ce que les gens sont prêts à accepter qu'un jeune de dix-huit ans qui entre fasse une connerie ?

C'est un vrai sujet en France où beaucoup de clubs veulent miser sur la formation…

Raynald Denoueix : Après mon expérience en Espagne, je suis parti à Canal+, mais il y a quand même eu quelques clubs qui m'ont sollicité. Je me souviens d'avoir rencontré un président qui m'avait présenté, parmi les obligations à tenir, si je devais entraîner son club, de faire jouer autour de trois gars sortant du centre de formation et peu importait après si l'on terminait sixième, septième ou dixième. Je comprenais très bien la demande, étant donné la réputation du club au niveau de la formation. Et ça faisait partie du contrat, voilà.

Parce que lancer des jeunes de dix-sept, dix-huit ans… vous n'avez pas toujours la chance de tomber sur un Didier Deschamps ! Lui, même à cet âge-là, vous saviez qu'il n'allait pas faire d'erreurs ou, du moins, pas plus qu'un joueur de vingt-sept, vingt-huit ans.

Parce qu'entre l'entraînement et le match, il y a une énorme responsabilité et 40 000 personnes qui vous tombent sur les épaules. Et ça, ni l'entraîneur du centre de formation ni celui des pros ne savent comment le jeune va le gérer. Même Micka Landreau lorsqu'on le lance à Bastia, il avait une vraie personnalité, mais on ne savait pas s'il allait confirmer sur le terrain en pro.

Il y a tellement de choses à prendre en compte…

Et tellement de choses auxquelles s'intéresser si l'on sait où regarder…

Raynald Denoueix : Voilà, à la limite, ceux qui s'emmerdent n'ont qu'à pas regarder la Ligue 1. Aujourd'hui, on a la chance d'avoir une telle offre. Surtout le week-end, on en a presque trop. Ça aussi, ça joue. Le fait d'avoir tous les matchs à disposition, le meilleur et le pire. On préfère forcément voir le meilleur...

C'est normal que la Ligue 1 puisse apparaître un peu fade puisqu'il y a beaucoup de bons Français qui ne sont plus en France. Benzema, Varane, Griezmann...

Puis les gens s'enthousiasment beaucoup plus sur l'exploit individuel, le dribble, le geste. Un jour, j'ai entendu un commentateur dire : « Je paierais ma place uniquement pour voir jouer untel. » Le consultant avait essayé, tant bien que mal, de mettre en valeur ses partenaires sur l'action en question, mais...

Si on va dans un match pour ne voir qu'un joueur, on oublie l'essentiel : que c'est un sport collectif. C'est l'intelligence collective d'une équipe qui m'intéresse, moi. Mais bon, je divague peut-être un peu...

Ah, mais non, au contraire, c'est parfait ! Moi, je suis pour que l'on me donne des leçons plutôt que l'on me serve toujours le même type d'analyse à la radio, à la télévision...

Raynald Denoueix : Mais on y revient puisque tu parles de la télé... Quand je suis allé à Canal, j'ai eu la chance de couvrir l'Espagne, et à la bonne époque, avec le grand Barça. Cyril Linette[37] essayait parfois de me ramener un peu vers la France et notamment pour faire des remplacements au *Canal Football Club*.

37 • Alors directeur des sports à Canal Plus.

Mais vous avez deux fois trente secondes pour vous exprimer et il ne fallait surtout pas aller dans des trucs trop compliqués ! Il m'avait expliqué : « Tu sais, Raynald, ceux qui regardent à cette heure-là, tu en as 80 % qui aiment à moitié le foot, qui regardent en train de manger et attendent la grande affiche. » Même quand on faisait l'émission *Les Spécialistes*, il y avait des trucs qu'on préparait, mais qui passaient à la trappe parce qu'il y avait de l'actualité extra-terrain.

Pour en revenir à mon sujet général, n'y a-t-il pas en France une culture faisant trop souvent le procès des intentions, offensives, de jeu ? J'ai l'impression que, par exemple, Séville 82 est souvent résumé par « on a trop voulu jouer, c'est pour ça qu'on a perdu », comme s'il y avait une poussée contre l'attaque. Vous ne la ressentez pas, cette propagande du béton ?

Raynald Denoueix : Pfiou... Je ne sais pas. Pour moi, il faut jouer juste ! À 0-3 ou à 3-0, les décisions doivent être différentes. Je disais, par exemple, à mes joueurs qu'à partir du moment où l'on mène, les passes plus à risques, on n'est pas obligés de les faire. Pour donner un exemple très simple, si on gagne 1-0 à la quatre-vingt-dixième minute de jeu, je ne vois pas pourquoi notre gardien monterait s'il y a corner pour nous.

À 1-0, dans les dernières minutes de jeu, le joueur doit réfléchir différemment. « Est-ce que je me permets de tenter un petit pont dans mes vingt derniers mètres ? Est-ce que je fais une passe à un partenaire qui pourrait le mettre dans l'embarras ? » Une fois de plus, c'est faire appel à l'intelligence de jeu, ni trop offensif ni trop défensif, mais simplement avoir des gens qui analysent bien la situation. C'est le jeu qui commande, il faut répondre au problème du jeu.

J'ai un autre souvenir, celui d'un match du Barça à Séville. Le terrain était gorgé d'eau, ça arrive dans le sud de l'Espagne à cause des orages. Même si, par moments, le Barça a essayé de faire des passes, assez souvent, ils ont quand même allongé. C'était intelligent.

Trop offensif ou trop défensif, pour moi, ça ne veut rien dire. Quand on n'a pas le ballon, il faut se donner à 100 % pour le récupérer et quand on l'a récupéré, je dirais tout simplement : il faut. On n'est pas à 100 % offensif ou défensif...

On en revient toujours à l'intelligence ! Et puis, au très haut niveau, le temps et l'espace sont toujours réduits. Vraiment, la première qualité d'un footballeur, ça doit être l'intelligence, sur le terrain et en dehors parce qu'on passe beaucoup de temps ensemble.

Mais si on mène deux buts à un, que l'adversaire a du mal à ressortir, le presser, ça peut être une manière de défendre ?

Raynald Denoueix : Comme je le disais plus tôt, il y a aussi des principes. Pour moi, il y a un principe important qui est d'être toujours groupé. Si vous êtes groupés dans le camp adverse, ça va. Si vous êtes groupés dans votre camp, ça va aussi. Là où ça devient difficile, c'est lorsque l'on est distendus. S'il y a une moitié d'équipe qui reste très haut sur le terrain parce qu'elle sent qu'elle peut récupérer un ballon haut et mettre le troisième, mais que l'autre partie de l'équipe préfère être bas en fin de match, on va avoir un gros espace entre ces deux blocs et, là, il y a deux ou trois joueurs adverses qui peuvent s'y engouffrer et faire du dégât...

Être groupés, respecter les distances, ça permet ensuite de faire des couvertures, d'être en soutien, de pouvoir à nouveau intervenir, si on a été effacés une première fois, et, même en fin de match, de ne jamais être complètement dépassés.

« Le jeu à la nantaise ? Je pense que c'était une majorité de joueurs avec une intelligence de jeu !

Et si on en arrivait finalement au thème supposé de cet entretien : le jeu à la nantaise ! Je sais que vous n'appréciez pas beaucoup l'expression balise « beau jeu », mais le jeu à la nantaise alors, c'était quoi ?

Raynald Denoueix : Je finis par avoir des doutes, mais j'ai l'impression que cette expression de « jeu à la nantaise » a été inventée par un journaliste qui suivait l'équipe de José Arribas, double championne de France au milieu des années 1960. À vérifier, mais j'ai comme l'impression que ça part de là.

C'est vieux, Suaudeau et Budzynski[38] sont alors encore joueurs. Mais, à cette époque, ça ne paraît pas illogique, cette équipe était particulière. Un gardien comme Daniel Eon ressentait du plaisir à jouer dans le champ, il était très bon au pied. Mais, avant tout, c'était le milieu de terrain avec des joueurs comme Jean-Claude Suaudeau, Ramon Muller, Jacky Simon... Ils étaient vraiment très habiles. « Coco » Suaudeau, qui pouvait jouer près de la défense, ne faisait pas 1,90 mètre et 90 kilos.

38 • Ils deviendront respectivement entraîneur et directeur sportif pendant plusieurs décennies.

On en revient à tout ce qu'on s'est dit précédemment. Si l'on met des milieux qui sont des Pirlo, des Suaudeau, on aura plus de chances d'avoir ce que vous appeliez « des actions ». Si les gens apprécient ça, il faut ce type de joueurs. D'autres ne sont pas capables de faire ce qu'eux faisaient à ce poste-là.

Une action, c'est une continuité de passes, une globalité. Il faut que ça ait été anticipé au moins sur une passe par rapport à celui qui aura le ballon, celui qui va le recevoir et les autres qui vont proposer les solutions. Qu'ils devinent ce qui va se passer ! C'est ça, une action ! L'idée, elle est là.

Et le jeu à la nantaise, c'était ça. Je pense que c'était une majorité de joueurs avec une intelligence de jeu ! Comment et pourquoi José Arribas avait mis tout ça en place ? Ses entraînements, j'ai eu la chance d'y participer même si je ne jouais pas beaucoup. Il y avait constamment une recherche de plaisir dans tout ce qu'il pouvait faire. C'était tactique dans le sens de l'« intelligence ». Coco, plus tard, dira : « Il faut être moins con à la fin qu'au début de la séance. » Voilà, ça résume tout.

En interrogeant d'anciens joueurs ou journalistes, il y a des mots, des expressions qui reviennent souvent quand on leur parle de Nantes : « collectif », « mouvement », « jeu alerte »... Cette impression-là donnée en match découlait bien de l'entraînement ?

Raynald Denoueix : Oui, je pense. Déjà, il y a des principes. C'est Lucescu qui dit ça : « J'entraîne avec des principes. » Ça me semble être une évidence et l'un des premiers principes de José Arribas, c'est l'appel qui déclenche la passe. Mine de rien, ça change tout.

Parce que, justement, j'en reviens au journaliste qui me parlait de la possession et je voulais insister pour que l'on parle plutôt de préparation. Ce qui est important dans le jeu de Guardiola quand ça tourne bien, ce sont les appels. Le spectateur qui regarde ces matchs-là doit se concentrer sur le nombre d'appels qui sont faits ! Parce que, sinon, en effet, si ce n'est que de la possession pour tourner en rond, ça ne sert pas à grand-chose. En revanche, s'il y a des appels, ça va créer des espaces. Le but du jeu aujourd'hui, étant donné que la majorité des équipes est très bien organisée, c'est de créer des espaces. Bien sûr qu'il faut récupérer le ballon, mais récupérer le ballon, c'est avant tout une question de volonté et un peu d'animation. En revanche, pour créer de l'espace, il ne suffit pas de le vouloir.

Alors, il y a créer de l'espace pour recevoir le ballon, puis créer de l'espace pour qu'un autre reçoive le ballon. C'est déjà un deuxième degré dans lequel José Arribas était. On apprenait à faire des courses pour qu'un autre reçoive le ballon.

Mais, avant tout, c'est « collectif » comme vous l'avez dit. Le plus important de tout ce que j'ai pu ressentir à Nantes, désormais avec quelques années de recul, c'était collectif. Tout était collectif. On recherchait à jouer avec, ensemble et pour. C'est ce qui m'intéresse quand je regarde un match.

Vous insistez sur l'importance du mot « collectif » et j'ai envie de vous dire que c'était collectif dans la durée également. Puisqu'on sait que, ce qui fait la particularité de Nantes en France, c'est la transmission de valeurs, d'une idée du jeu dans le temps avec Arribas, puis avec Suaudeau, puis avec vous. Vous l'avez ressenti, ce poids de l'héritage ?

Raynald Denoueix : Quand on est dans l'action, je ne sais pas exactement ce que l'on ressent. Ça paraît tellement naturel. Bon, moi, j'ai eu 10 ans en 1958. 58, c'est l'équipe de France, c'est Reims, Kopa, Vincent, Piantoni... Déjà des joueurs très habiles avec un jeu où ça combine pas mal. Et puis c'était aussi la lecture du *Miroir du foot*, Anderlecht, la mise hors jeu à outrance qui n'était pas forcément toujours très spectaculaire...

En tant que joueur, je n'étais pas Maradona, donc j'existais dans le jeu avec les autres. Voilà ce que je ressentais et voilà pourquoi je me suis senti bien à Nantes. Ça allait de soi en fait pour moi de jouer comme ça. C'est une évidence.

Tiens, d'ailleurs, je pense à une autre réflexion qui revient fréquemment dans le foot : « un attaquant doit être égoïste. » Eh bien non ! Un attaquant doit jouer juste. Il y a des moments où il doit garder la balle, d'autres où il doit tirer au but, d'autres où il doit la donner à un copain mieux placé. L'objectif, c'est que l'équipe marque un but ! Jamais, pour moi, un joueur, qu'il soit attaquant ou gardien de but, ne doit être égoïste. C'est même peut-être le plus gros défaut que peut avoir un joueur de foot. Être égoïste.

« *Pour moi, le plaisir, c'est de se comprendre.*

Qu'est-ce qu'il y avait de spécial autour du FC Nantes qui aidait à cette culture-là ? Est-ce que ça a un rapport avec la ville, avec le club ?

Raynald Denoueix : Non, je ne pense pas que ça ait un rapport avec la ville ou quelque chose autour du club. Mais Nantes a été l'un des premiers clubs formateurs avec d'autres, comme Saint-Étienne ou Sochaux. Par exemple, je suis arrivé à Nantes après un stage où on m'avait repéré. Nantes a commencé à avoir des joueurs en formation, des jeunes. Il n'y avait pas vraiment de centre à l'époque, pas de bâtiment ou de terrains spéciaux. Néanmoins, il y avait cette idée de développer des jeunes.

En 2001, on a été l'un des champions avec le plus de joueurs formés au club. La transmission passe bien, en effet, par le discours de coach à coach, mais la meilleure transmission possible, c'est celle que font les joueurs que l'on a convaincus. C'est grâce à ça : les joueurs issus du club. Ce n'était plus l'idée des coachs, mais celle des joueurs.

Pour moi, le plaisir, c'est de se comprendre. Certains vous diront que, l'entraînement tous les jours, c'est ennuyeux, qu'il vaut mieux faire des matchs. Mais quand on vient à l'entraînement avec cette idée de mieux comprendre le copain à travers tous les jeux, de discuter de tout ça... eh bien, ça joue !

S'il a pu y avoir une certaine image, c'est grâce à cette formation. Et on en parle encore, même de façon plus polémique parce que ça a évolué, notamment avec les agents qui sont apparus, il y a une trentaine d'années...

Le grand Barça, c'était pareil, tu avais des Xavi, Iniesta, Busquets formés au club ! Et puis cette idée de la formation... J'ai eu aussi tellement de retours de personnes qui n'ont pas réussi... Le mec que vous ne gardez pas n'est pas forcément super heureux de vous à ce moment-là. Mais certains m'ont rappelé après, il y en a un qui m'a même expliqué n'être resté qu'une année, mais qu'une fois devenu entraîneur c'était comme à Nantes qu'il voulait faire jouer son équipe. D'entendre ça, c'est l'un des plus grands plaisirs que j'ai eus.

Peut-être est-ce quelque chose, ce plaisir d'être ensemble, de jouer ensemble que les spectateurs ont aimé et ont gardé en mémoire. Mais, au final, Nantes, c'était souvent cinq, six jeunes sortis du centre, encadrés par des joueurs de l'extérieur, à l'époque où le club en avait encore les moyens. Des Burruchaga, par exemple.

Cruyff disait : « Toutes les grandes équipes passées étaient composées à plus de la moitié par des joueurs locaux. Prenez l'Ajax, le Milan, Barcelone à mon époque, le Celtic de 1967, Manchester United de 1999. »

Raynald Denoueix : Eh bien, oui. Ce sont des gars qui ont vécu ensemble, fait des conneries ensemble, qui ont appris ensemble. Si un joueur vaut 50 millions d'euros et que l'autre vaut aussi 50 millions d'euros, la connexion entre les deux, elle, en revanche, n'a pas de prix ! Le fait qu'ils se connaissent, s'apprécient...

Puis, compte tenu de l'évolution médiatique du football, tu as d'autres problèmes. Tu as des joueurs qui savent mais ne veulent pas forcément. Est-ce qu'il veut jouer pour l'autre ? Tu peux avoir cette réflexion qui existe désormais : « Si je fais ça, ça va servir à l'autre. Fait chier, je n'ai pas envie que ça serve à l'autre ! J'ai besoin qu'on parle de moi parce que mon contrat, mon agent... » Comme l'avait dit un sélectionneur de basket : « Ça doit être J-E-U, pas J-E. »

C'est peut-être aussi l'arrêt Bosman en 1996 qui met à mal la tradition nantaise, non? L'écosystème général lui était devenu trop hostile...

Raynald Denoueix : Ça avait commencé bien avant. Déjà bien avant ça, Thierry Tusseau[39] avait crevé le cœur à « Coco ». Bordeaux, à ce moment-là, c'est Bez et, pendant six, sept ans, il a acheté, acheté les meilleurs jeunes, les meilleurs vieux et a fini par être champion. On ne faisait déjà plus le poids au niveau économique.

Puis le Matra Racing, l'Olympique de Marseille. Il est arrivé un potentiel économique important dans des clubs qui faisaient que celui du FC Nantes ne suffisait plus. Avec vos meilleurs jeunes, vous pouviez, mais, malheureusement, si on vous les pique aussi alors que les meilleurs d'un certain âge vous sont déjà devenus inatteignables... eh bien, vous survivez !

Il y a eu cette dimension économique, puis la dimension médiatique qui est arrivée avec la télévision. Avant ça, il y avait un match par an qui était diffusé... Je me souviens de Budzynski en après-match avec sa Vittel Menthe qui expliquait : « Ça y est, la télévision débarque, le foot est foutu ! » Pour un match par an ! Aujourd'hui, la télévision en retransmet...

Un par jour !

Raynald Denoueix *(rires)* : Un match ? Je pense qu'en moyenne c'est beaucoup plus que ça ! Le foot est toujours là, loin d'être mort, mais avec d'énormes boulever-

39 • Joueur polyvalent, formé à Nantes, qui quitta les Canaris en 1983 pour rejoindre le Bordeaux de Claude Bez.

sements. Il y avait des choses possibles au niveau de la formation qui ne le sont plus.

Regardez les joueurs formés au PSG qui ont éclaté ailleurs ? Il y aurait sans doute moyen de faire une belle équipe. Mais c'est sûr que Neymar, vous ne pouvez pas l'inventer. Mais Mbappé est de Bondy, ce n'est pas si loin du Parc, non ?

Si vous voulez gagner vite...

Mais, vraiment, ce qui peut donner une âme à un club, avec les supporters, le public, c'est la formation. Ça permet de ressortir quelque chose au niveau du jeu.

On y revient…

Raynald Denoueix : L'important, c'est d'avoir une idée de jeu. Bielsa, c'est différent de Guardiola. Simeone, c'est bien différent de ces deux-là, et pourtant il a eu des résultats. L'important, c'est le collectif. Simeone, c'est hypercollectif, c'est se sacrifier pour l'équipe. Il me semble appliquer une logique imparable.

Et puis on en revient à ta question de base : qu'est-ce que les gens veulent voir ? Je pense que les supporters doivent prendre du plaisir à voir l'Atlético parce qu'il y a une idée collective de se défoncer pour les couleurs. On rejoint la culture, l'Espagne...

Un jour, pour Canal, j'étais en train de prendre mon petit déjeuner au Mercure à côté du Parc et, là, un mec débarque. « Bonjour, monsieur Raynald Denoueix, vous ne me connaissez pas, mais moi, si » avant d'enchaîner en espagnol : « Soy de la Real. » Un supporter de Nantes m'aurait simplement dit « Je suis supporter de Nantes », mais « Soy de la Real », pour moi, ça veut dire : j'appartiens à la famille. Et puis, le Pays basque, pour eux, c'est encore autre chose ! Ce sont des clubs où on ressent quelque chose... pfiou... là, on le sent !

Encore un club avec des racines fortes au niveau de la formation. C'est politique, c'est culturel par rapport aux régions en Espagne.

Cette idée régionale, c'est Frédéric Hantz qui m'en parle dans ce livre à propos de son aventure à Bastia. Mais ça, on pourrait aussi le développer plus en France. Je pense à un club comme Rennes, par exemple, qui tente bon an mal an d'impulser quelque chose du genre par rapport à son statut de capitale de la Bretagne...

Raynald Denoueix : Je ne sais pas... Bastia, oui ! La Corse, c'est une île, c'est particulier, ça ne m'étonne pas qu'on puisse le développer. Mais Rennes, est-ce que l'équipe sera capable de ramener 40 000 spectateurs au stade avec ça ?

Je me souviens de ma première année à la Real, le président m'informe lors d'une trêve que des joueurs devaient aller disputer un match de la sélection basque alors que je leur avais donné des jours de repos. J'ai vite compris que c'était impossible de les empêcher d'y aller alors que, à la base, je ne comprenais pas le concept de ce match amical de sélection régionale. J'ai vu la rencontre à la télévision... et le stade de Bilbao était plein avec des supporters plus chauds que pour un match de Bilbao. Et pendant le match, les joueurs ne faisaient pas semblant ! D'ailleurs, Xabi Alonso s'est choppé une bonne entorse et n'a pas pu jouer pendant deux bonnes semaines. À ce moment-là, j'ai compris pas mal de choses. Ils sont basques, d'abord... mais c'est magnifique, c'est touchant, c'est tout ce qu'on veut.

Eux, je peux te dire que, quand ils regardent un match de la Real, quoi qu'il arrive, ils ne s'ennuient pas !

9

Saison 2020-2021

Espoirs sur le terrain, désespoir partout ailleurs...

La saison 2020-2021 ne ressemble à aucune autre dans l'histoire du football français, tout d'abord en raison de l'absence de public dans les stades, liée à la pandémie, mais surtout à l'incroyable dissonance entre le spectacle offert sur le pré par tout un tas d'équipes françaises, entraînées, pour la majorité, par des Français et la pitoyable gestion de cette période si particulière par les patrons du football en France.

Sur le terrain, plus d'ambitions, plus de suspense...

C'est bon ? C'est fini, la Ligue 1 ennuyeuse et ses avalanches de zéro à zéro ?

Disons, au moins, que, pour l'image générale de la compétition, il y a eu, la saison passée, une véritable course au titre, mais aussi tout un tas de « petites équipes » qui ont préféré miser sur autre chose que le béton pour se sauver ou gratter un accessit.

Julien Momont a suivi ce championnat de près puisqu'il était le journaliste tactique de la chaîne Téléfoot[40]. Il souligne les aspects positifs de cet exercice 2020-2021 : « On a tendance à réduire la Ligue 1 à des blocs bien en place qui se neutralisent, mais ce n'est pas systématique. Il y avait, cette saison, au moins la moitié des équipes qui cherchaient à jouer. Elles n'y arrivaient pas toujours, mais elles essayaient. Cette idée de neutraliser le jeu, bon, il y a encore quelques équipes en Ligue 1 qui restent concernées par cette approche-là. On a vu Nantes, par exemple, avec Domenech ou Dijon avec Linarès chercher à d'abord se rassurer par une approche défensive, là où, au contraire, Nîmes, avec Pascal Plancque cherchait à s'en sortir par le jeu avec plus de joueurs créatifs. »

Ni Dijon ni Nîmes ne seront finalement parvenus à conserver leur place dans l'élite. Les Crocos y auront, malgré tout, cru plus longtemps et peuvent regretter amèrement de ne pas avoir confié les rênes de l'équipe plus tôt à Pascal Plancque. Quant au Nantes post-Domenech, il n'aura dû sa survie qu'à un barrage éprouvant, favorisant clairement l'équipe de Ligue 1 opposée à son challenger venu de Ligue 2. Pas vraiment un sauvetage par le jeu donc, plutôt un sauvetage à la Kombouaré[41].

---

40 • La chaîne Téléfoot qui, à défaut de régler ses factures, a proposé une couverture éditoriale rafraîchissante de notre bon vieux championnat à base de tactique et de bienveillance.

41 • Comme lorsqu'il avait pris la place d'Olivier Dall'Oglio à Dijon en 2019, le Kanak s'en sort par des barrages offrant au 18e de Ligue 1 une chance de se sauver face au rescapé des *play-offs* de Ligue 2. À son arrivée, Nantes est 18e avec 19 points accumulés et, malgré les 21 points glanés sur les quatorze

Se sauver par le jeu, c'est le credo de Dall'Oglio depuis un bon moment, ça l'est resté en 2020-2021 malgré une seconde partie de saison compliquée. Le coach brestois s'est fendu de l'une des plus belles sorties médiatiques de la saison après une victoire spectaculaire contre le leader Lille (3-2) alors que son équipe était plus dans la panade que dans le panache au cours des semaines précédentes[42]. « Attaquer comme ça en prenant beaucoup de buts ? Non, ce n'est pas commun en Ligue 1, c'est risqué. Il faut savoir prendre des risques. Mais je ne suis pas le seul à décider, mon staff m'a poussé aussi. On a tous la même idée et, au moment où j'hésitais un petit peu, ils ont poussé et je leur dois ça aussi. [...] Et puis il y a autre chose qui a joué dans notre décision, c'est le fait d'être dans une période, un contexte général qui est difficile (avec les restrictions liées à l'épidémie de Covid-19). Quand, chez moi, je m'assois et je regarde un match, je n'ai pas envie de m'ennuyer ! Donc, je n'ai pas envie d'ennuyer les autres non plus. Ça a joué dans notre approche, il faut chercher à marquer des buts, faire du spectacle quand même[43]. »

Marquer des buts, faire du spectacle, ce n'était pas vraiment le point fort du Montpellier de Michel Der Zakarian depuis 2017. Au niveau des statistiques, sa place confortable obtenue chaque année dans le ventre mou de la Ligue 1 devait plus à une défense solide qu'à une attaque flamboyante. En 2017-2018, la Paillade termine dixième avec 0,95 but marqué par match, mais seulement 0,87 but encaissé, puis sixième en 2018-2019 avec 1,39 but marqué et 1,11 but encaissé,

journées restantes, Nantes ne décollera pas de la 18e place à l'issue du championnat. Heureusement, la réinstauration de barrages en 2016-2017 est passée par là...

42 • Le Stade Brestois sortait alors de trois défaites consécutives avant de recevoir un LOSC tonitruant en cet automne 2020 ! Brest-Lille s'est joué le 8 novembre 2020.

43 • Réaction d'après-match capté par le journaliste Pierre Henry-Dufeil.

et enfin huitième en 2019-2020 avec 1,25 but marqué pour 1,21 encaissé. Et en 2020-2021 ? Huitième encore, mais avec 1,58 but marqué par match, soit le plus haut total depuis l'arrivée de Der Zak' dans l'Hérault, mais aussi un autre record de l'autre côté avec 1,63 encaissé.

Ces stats restent tout de même assez primitives pour juger de l'identité d'une équipe. Heureusement, pour aller plus loin que la stat primitive, il y a Julien Momont. « Montpellier, ce n'est pas que c'est une équipe particulièrement offensive... Disons que, dans un bon jour, c'est l'une des équipes les plus spectaculaires parce qu'il y a beaucoup de spontanéité, de volonté de jouer vite vers l'avant. Une équipe sympa à voir jouer parce qu'il y a beaucoup de buts et de bons petits joueurs offensifs alignés. Mais je pense qu'une équipe offensive, ça se juge également sur la volonté pour récupérer le ballon. Or, c'est l'une des équipes qui pressent le moins haut de Ligue 1 et notamment en début de saison lorsqu'ils étaient encore à cinq derrière... Le passage en 4-3-3 témoignait en effet d'une volonté d'être un peu plus portés vers l'avant en possession du ballon. Ça les a peut-être un peu déséquilibrés, avec seulement deux défenseurs, pas très rapides, dans l'axe, mais ça libérait sans doute un peu plus d'attaquants en ajoutant Mavididi d'entrée. Il y a un esprit de vouloir faire mal à l'adversaire, mais ce n'est pas l'équipe la plus offensive. »

À défaut d'être particulièrement offensive, même l'une des anciennes valeurs sûres de l'ennui en Ligue 1 était spectaculaire en 2020-2021.

Si l'on ajoute aux Nîmes, Montpellier, Brest, déjà évoqués plus haut, le Lille, champion surprise, le Lens de Franck Haise « et son approche très originale pour la France », dixit Momont, sans oublier l'AS Monaco de Niko Kovac ou même le très plaisant FC Metz d'Antonetti, on ne peut vraiment pas dire que la priorité était à la défense et aux légendaires « deux lignes de quatre bien resserrées », si chères à bon nombre de multiplex commentés par Élie Baup, les saisons précédentes.

Y aurait-il donc une véritable lueur d'espoir pour des multiplex qui chantent en Ligue 1 ? Peut-être, mais il va quand même falloir faire avec les dirigeants du foot français. Et là...

Hors du terrain, moins d'argent, moins d'identification...

La crise sanitaire a exacerbé les maux du football français loin des terrains. La désunion des dirigeants concernant la reprise ou non de la saison 2019-2020, l'afflux financier des transferts en partie coupé par la crise, des élections rocambolesques à la tête de la Ligue de football professionnel... En coulisses, ce fut un interminable film catastrophe aux accents prononcés d'égoïsme, ne respirant pas franchement la compétence.

Si les entraîneurs français ont haussé le curseur, les dirigeants...

Deux épisodes sont particulièrement symptomatiques de la gouvernance du football français en 2020-2021 : les droits de télévision et le divorce avec les supporters.

Mediapro. Ah, Mediapro ! Ce groupe audiovisuel espagnol renforcé par des actionnaires chinois a fait la fierté de tous les présidents de Ligue 1 pendant un peu plus de deux ans. Entre mai 2018 et septembre 2020, c'est l'amour fou entre les décideurs et le diffuseur. Un amour qui vous emplit de certitudes, rend votre discours conquérant et votre port de tête, altier. Mediapro s'engage en effet, en mai 2018, à verser près de 780 millions d'euros pour s'adjuger 80 % des droits de diffusion de la Ligue 1. En ajoutant les parts, presque négligeables, de Free et de BeIn Sports pour récupérer le reste, la LFP éructe de joie devant le montant final de l'addition : 1,153 milliard d'euros ! De quoi, apparemment, rattraper une grande partie du retard financier sur nos voisins européens. Et ils sont où, les Italiens ? Et les Anglais, ils feraient mieux de faire gaffe : *Dijon is coming !*

Sauf que, dès qu'il a fallu honorer les échéances financières du contrat, la *love story* s'est compliquée...

Il se trouve que Mediapro aurait beaucoup aimé revendre une partie de ses droits à l'opérateur historique Canal Plus qui, vexé de ne pas avoir été mieux traité lors de l'appel d'offres, n'a rien fait pour aider son nouveau concurrent. Le groupe de Jaume Roures va donc lancer sa propre chaîne au contenu éditorial qualitatif, mais aux audiences et revenus trop faibles pour assurer la viabilité de l'ensemble. À l'automne 2020, ça sent déjà le sapin qui aura cependant l'élégance d'attendre la saison de circonstance pour s'officialiser. Le 5 décembre 2020, Roures annonce que sa société, qui n'honore plus ses traites financières, veut « rediscuter le contrat ». Le « jour béni pour le football professionnel français » annoncé par Jean-Michel Aulas lors de la signature du contrat se transforme en cauchemar pour tous ces clubs s'étant déjà noyés dans leurs propres rêves après avoir entraperçu des rentrées d'argent exceptionnelles. Le nouveau venu n'était pas solide, la LFP était trop excitée pour s'en apercevoir et l'ancien bon payeur est désormais bien décidé à raquer le moins possible pour récupérer ce qu'il considère presque comme son dû. Canal déboursera finalement 35 millions d'euros supplémentaires pour le reste de l'offre sur la saison déjà entamée, qui aura donc rapporté seulement 650 millions d'euros au football professionnel français au lieu du milliard promis sur la saison 2020-2021.

Un échec complet, dû en grande partie à l'empressement des responsables du football tricolore, obnubilés par les rentrées d'argent, mais également par leur fierté, mal placée, de valoriser leur compétition à la même hauteur que des concurrents pourtant plus solides. Toute l'économie du football français, déjà bien ébranlée par la crise de la Covid-19, est mise à genou par l'épisode tragi-comique de Mediapro.

Incapables d'assurer la santé financière des clubs, les dirigeants du football français se sont montrés tout aussi désastreux sur le plan de la « vitalité philosophique ». Les supporters, représentants symboliques, âmes de ces institutions immatérielles, n'ont pas été ménagés en 2020-2021. Un peu plus haut, Pierre-Marie nous a présenté le désastre nantais[44] mais, un peu partout ailleurs dans l'Hexagone, des milliers d'autres supporters, d'autres clubs ont, eux aussi, dû subir les personnes à la tête de leur club. Les remous à la tête d'un LOSC, caracolant pourtant en tête du championnat, sont peu de chose face à l'indignation de toute une ville contre Jacques-Henri Eyraud à Marseille ou, pire encore, face à l'abandon pur et simple de l'actionnaire à Bordeaux de Girondins, pourtant bien mal embarqués sportivement. À Nantes, à Marseille, à Bordeaux, la scission entre les dirigeants des clubs et les supporters est définitive et irrévocable. Au-delà de résultats sportifs médiocres, c'est toute l'action des Kita, des Eyraud et autres Longuépée qui est rejetée en bloc ! Ce sont toutes leurs promesses non tenues, mais aussi leurs visions futures « disruptives » qui posent problème.

Entre l'un qui souhaite construire un nouveau stade éloigné du centre-ville sans se soucier de la pérennité sportive du club, l'autre qui pense qu'il y avait « trop de Marseillais » à l'Olympique de Marseille et, enfin, le projet de trading en carton du dernier, rien n'est fait pour « accepter la critique, mais anticiper l'entente », comme le conseillait un peu plus haut Frédéric Hantz. La vérité, c'est que l'une des deux parties ne semble n'en avoir plus rien à faire de l'entente avec l'autre, qui demande à ce que l'on respecte l'histoire de son club. « Au pire, on ira chercher de nouveaux fans que l'on pourra éduquer » paraît être l'échappatoire de ces com-

44 • Désastre qui fut émaillé de la nomination puis du licenciement express de Raymond Domenech, personnage honni du football français, mais pilier du corporatisme, pour un sauvetage miracle accompli par Antoine Kombouaré à l'issue des barrages face à Toulouse, 3e de Ligue 2.

merciaux vivant dans l'illusion du « toujours plus de fans à conquérir ». Il va quand même falloir aller vite parce que, en Chine, il y a déjà pas mal de mastodontes bien implantés et, pour leurs opérations de séduction, eux avaient Lionel Messi ou Paul Pogba…

De cortèges en envahissements de centres d'entraînement sans oublier les actions sur les réseaux sociaux, les supporters ont su faire entendre leur mécontentement malgré le contexte sanitaire tendu les forçant à s'éloigner des stades.

Alors, bien sûr, on pourrait toujours arguer du fait que, comme avec la situation post-Bosman, les dirigeants français n'avaient pas les cartes les plus avantageuses pour affronter la situation post-Covid. Mais, avec de moins bonnes cartes, à un moment, il faut essayer d'être meilleur pour compenser sa main. Eux continuent pourtant à faire pire[45].

45 • Soulignons tout de même l'opposition salutaire unanime des présidents français au dégoûtant projet de SuperLeague européenne qui a tenté son putsch au printemps 2021. Même si, derrière les raisons philosophiques, on ne peut ignorer d'autres motivations plus commerciales…

10

La conclusion avec Furlan

Et si nos entraîneurs n'étaient pas le problème ?

Alors, c'est bon ? Je vous ai convaincu d'arrêter le France *bashing* ?

Enfin, il n'est pas certain tout de même que nos dirigeants s'en sortent très bien dans ces pages... Le but était surtout d'ausculter notre bonne vieille Ligue 1 à travers cette figure trop souvent pointée du doigt : l'entraîneur français.

Non, il n'est pas un agent du mal, destiné à gâcher nos soirées foot. Il doit simplement composer avec un contexte général peu favorable au spectacle (histoire de ses institutions + contexte économique global + gouvernance locale bancale), qu'il ne remet que trop rarement en question.

Pour conclure, plutôt que de vous pondre quelques lignes supplémentaires, il me paraît plus opportun de mettre en valeur un certain nombre de points cruciaux extraits des entretiens de ce livre et de les soumettre à celui qui nous a aidés à débuter cette plongée dans notre élite footballistique : Jean-Marc Furlan.

Longue vie à la Ligue 1, à la Ligue 2, à l'ensemble du football français ! Dans la joie et les envolées offensives !

Le manque d'ouverture du football professionnel au reste du football français...

Pascal Moulin : Non, le National 2 n'est pas assez valorisé. Pour la simple et bonne raison que, pour les entraîneurs en National 2, entraîner, c'est leur métier à plein temps ! Ce sont des managers avec une vraie expérience, une vraie expertise qui n'est pas forcément assez mise en avant ni assez bien valorisée, financièrement parlant. Je sais à peu près où est la fourchette pour un poste comme ça dans un club de National 2...

Le point de vue de Furlan sur le sujet :

Je suis bien sûr d'accord avec lui. Très souvent, dans le football français, on va promotionner des gens en provenance du secteur professionnel et on a beaucoup de mal à promouvoir des gens du milieu amateur. Il suffit d'aller en Italie et de prendre l'exemple d'Arrigo Sacchi, propulsé à l'époque par Berlusconi à la tête du Milan AC alors qu'il entraînait en deuxième et en troisième divisions avant ça, pour constater la différence avec d'autres pays.

Et je rajouterais même que, pour avoir entraîné dans ces divisions-là avec Libourne, c'est encore plus difficile de gérer des joueurs semi-pros. C'est d'ailleurs ce que disait aussi Didier Deschamps récemment : c'est beaucoup plus facile de gérer des stars que des joueurs de niveau « inférieur ». Et malheureusement, ce n'est pas du tout ce que ressentent nos dirigeants.

Le besoin d'oxygénation extérieure du football professionnel français

Jean-Pierre Rivère : C'est un peu moins le cas maintenant, ça l'était beaucoup plus quelques années en arrière. Je ne veux attaquer personne, mais, au niveau des entraîneurs, il y avait un peu un cercle fermé. L'un d'entre eux se faisait virer, il passait dans un autre club, et ainsi de suite... Il n'y avait pas d'apport d'oxygénation si vous voulez.

Le point de vue de Furlan sur le sujet :

Oxygénation. Le mot est bien choisi. Alors, bien sûr, je n'ai rien contre quiconque et d'ailleurs, si ça ne tenait qu'à moi, je serais resté à Libourne, mais c'est Aimé Jacquet qui m'a forcé à venir passer mon BEPF *(rires)*. Je lui dois mon parcours professionnel. Mais tu te rends aussi compte que les anciens grands joueurs qui sont passés par Arsenal, Tottenham, etc., ne tournent ensuite que dans des grands clubs également. Je parlais plus haut du cas d'Arrigo Sacchi mais ça n'arriverait pas en France. En France, on reste chacun à sa place et les présidents vous voient selon une étiquette. Par exemple, moi, j'ai une étiquette d'entraîneur de Ligue 2.

Le manque d'envie des joueurs français à l'entraînement

Alain Casanova : Oui, c'est très dur parce que le joueur, ce dont il a envie, c'est de se faire plaisir. Jouer et se faire plaisir aux entraînements, c'est enlever une certaine rigueur, une certaine discipline, une certaine part de la tactique.

Édouard Cissé : Bien sûr, le joueur français, en France, a un syndicat de joueurs, c'est l'enfant gâté. L'enfant roi. À l'étranger, le joueur français, c'est l'enfant qui est invité dans une famille de potes, qui est gentil, poli et qui mange de tout. Tu vois un peu l'idée ?

Le point de vue de Furlan sur le sujet :

C'est peut-être aussi lié à l'histoire de notre nation. La France est un pays de culture, de joie et c'est vrai que... Moi, je sais que, dans tous mes entraînements qui peuvent être longs, avec des protocoles à respecter, etc., il y a toujours une part de ludique. Parce que c'est vraiment l'essence même de notre éducation et de notre vie. En revanche, le Français sait toujours s'adapter à l'étranger.

À l'époque où j'entraînais à Strasbourg, j'étais allé à Fribourg (en Allemagne) voir des entraînements de 15, 16 et 17 ans. Et les entraîneurs là-bas me disaient que les Français pouvaient par moments… je ne sais pas, par exemple dépasser la ligne du centre de terrain alors qu'on le leur avait interdit dans les consignes. Mais ces entraîneurs allemands, ça les rendait joyeux. Ça leur apportait quelque chose, ce caractère révolutionnaire des Français *(rires)*.

Après, l'entraînement, il faut que les mecs te suivent. Qu'ils soient prêts à te suivre comme je le disais dans la préface.

Être moins dans le contrôle, plus dans l'intensité

Alain Casanova : Après, il y a les championnats comme en Allemagne ou en Angleterre où il y a un critère qui fait la différence par rapport à cette notion de spectacle, c'est l'intensité qui est mise. [...] Ce qui peut amener cette notion d'attentisme, c'est la préoccupation tactique, quand on veut absolument gérer les matchs sur le plan tactique... La tactique va souvent à l'encontre de l'intensité. On est plus dans le contrôle, dans la gestion. Par rapport à l'Allemagne, par exemple, où un match peut plus facilement se terminer sur un score de six à cinq et où il y a moins de contrôle, moins de gestion des espaces. Ça donne des matchs très ouverts où on insiste peu sur le plan défensif.

Le point de vue de Furlan sur le sujet :

Je suis tout à fait en accord avec Alain. Il l'exprime mieux que moi.

Ce n'est pas une notion de beau jeu. Parce que le beau jeu, ça peut être aléatoire. Tu peux très bien prendre beaucoup de plaisir dans un match sans beau jeu mais où il y a eu de l'audace, de la prise de risque et surtout en fonction de l'émotion que peuvent transmettre les joueurs. Tu les retrouves en Allemagne, en Angleterre ou même aux Pays-Bas, ces émotions-là. Alors que, nous, on est beaucoup plus dans la gestion du match. Comment ne pas prendre de buts ? Rester disciplinés...

Améliorer la préparation mentale des équipes

Olivier Dall'Oglio : Si les clubs continuent de n'avoir personne pour s'occuper de l'aspect mental, ils vont être complètement dépassés. Dans le football, on est en retard par rapport à d'autres sports parce qu'on a une réticence là-dessus, notamment chez les joueurs. Ils restent sur l'idée : « Si j'ai besoin d'un préparateur mental, c'est que je ne suis pas bien ou que je suis malade. » On en est là, c'est pour ça qu'il faut commencer par intégrer les préparateurs mentaux dans les centres de formation, pour que les joueurs s'y habituent.

Le point de vue de Furlan sur le sujet :

J'y suis très favorable, ça doit compléter notre savoir-faire. C'est un apport considérable.

Dans les sports individuels par exemple, ils sont en avance là-dessus. J'avais lu une interview de ce formidable champion qu'est Teddy Riner qui disait qu'on pouvait lui enlever ses autres entraîneurs mais surtout pas son préparateur mental. Pareil à l'étranger, Neal Maupay m'expliquait que, lorsqu'il est arrivé en Angleterre, il y avait deux préparateurs mentaux dans son club. Et il devait y aller tous les mois.

Après, je comprends la réticence de certains clubs par rapport aux préparateurs mentaux parce que certaines personnes vont simplement avoir un DU (diplôme universitaire) et se présenter comme préparateur mental. Il faut des études beaucoup plus poussées. Il se trouve que je suis marié avec une préparatrice mentale pour le sport qui a un doctorat en la matière et une grande expertise avec beaucoup de joueurs en France. Parce que le sportif de haut niveau est demandeur. Il y a tellement de stress, de pollution extérieure… Mais avec des gens compétents et dans des domaines bien délimités.

Que les présidents de Ligue 1 changent leur manière de choisir leurs entraîneurs

Olivier Dall'Oglio : J'ai été formateur pendant cinq ans au Nîmes Olympique et je voyais passer les coachs. Quand je demandais au président comment il choisissait ses coachs, les raisons variaient. Soit il a déjà eu des résultats, soit le mec présente bien, il parle bien… Je l'ai entendu, ça ! Il est sympa, l'entretien s'est bien passé. Des trucs qui m'ont scotché, vraiment ! Mais quand je demandais ce qu'il en était de la compétence foot, il y avait un gros blanc, parce qu'il faut qu'il puisse présenter un projet de jeu avec son staff, par rapport à la structure de votre club, etc.

Le point de vue de Furlan sur le sujet :

Je suis ami avec le président du Mans, Thierry Gomez, que j'ai eu à Troyes. Il me disait : « Vous, vous faites peur à tous les présidents par rapport à ce que vous exprimez. » Mais moi, je lui répondais que, contrairement aux grandes entreprises où l'on recrute des cadres importants avec tout un processus très élaboré, dans le foot, on regarde la télé, on voit un mec parler cinq ou dix minutes et on se dit : « Lui, il me plaît, je le prends » ou, au contraire : « Lui, il me fait peur, je ne le prendrais jamais. » On reste dans de l'affectif…

À l'étranger, ça peut être différent. Je me souviens quand mon ami Élie Baup était à Bordeaux. Il y avait un club espagnol qui s'intéressait à lui et il m'a expliqué qu'ils sont venus pendant un an chaque semaine l'observer, aux entraînements ou interroger certains joueurs… C'était pas simplement : « C'est bon, lui, il me plaît, je le prends. »

Mieux développer le comment et le pourquoi dans les médias

Raynald Denoueix : Oui, mais, aux jeunes générations, comment on leur parle du foot, pour qu'elles aient une idée de ce qui pourrait les intéresser avant de regarder un match ? Parce qu'aujourd'hui, médiatiquement, la manière dont on parle du foot est souvent assez éloignée du terrain.

Olivier Dall'Oglio : Le fait d'être dans l'urgence pour faire rapidement son papier laisse sur le côté de la route un tas d'éléments dans l'analyse. Je le vois bien après les conférences de presse des coachs, ils sont là, assis par terre comme ils peuvent, à écrire à deux mille à l'heure… Donc bon, l'analyse, elle ne peut pas être complète dans ces conditions-là. On n'éduque pas le public et on reste très focalisé sur le résultat.

Le point de vue de Furlan sur le sujet :

Ça, c'est un peu compliqué.

On est habitués à ce très fort décalage qu'il y a dans l'analyse du football par les médias et les supporters par rapport à ce qu'on peut vivre au quotidien. Toute la complexité de notre compétence qui englobe la tactique, la stratégie et la gestion des ressources humaines. Et même en ce qui concerne d'anciens pros devenus consultants, tu ressens toujours ce décalage colossal par rapport à ce que l'on vit au quotidien et le discours que l'on entend... Et d'ailleurs, quand il y a des entraîneurs en activité qui vont à la télé, tu vois bien que leur discours est beaucoup plus pondéré. Mais ça peut moins plaire, faire moins vendre. C'est à nous aussi de comprendre que l'environnement veut faire vendre.

Développer l'identité des clubs, notamment régionale

Frédéric Hantz : C'était quelque chose que je ressentais vraiment, d'abord pour moi puis pour les joueurs, pour que les gens ressentent qu'il y avait une volonté d'intégration, de compréhension de la culture corse... C'est quelque chose de très important dans toute l'île. Je savais que ça allait toucher beaucoup de monde, que ça allait créer un trait d'union et de solidarité entre l'équipe et le public.

Le point de vue de Furlan sur le sujet :

Ça, ça me parle vraiment.

C'est un discours qui échappe de plus en plus à ce monde moderne. Le football est tombé dans une stratégie financière capitaliste qui échappe complètement à l'aspect socioculturel identitaire. Tu peux très bien faire adhérer des gens sans tout le temps gagner, mais avec autre chose. Comme je l'ai vécu à Troyes, comme je l'ai vécu à Brest.

D'ailleurs à Brest, les ultras m'ont même envoyé une carte d'ultra à mon nom. Et pourtant, on est montés qu'au bout de trois ans, mais il y avait une très forte identité avec le stade plein. C'est ce que j'ai envie de transmettre en tant qu'entraîneur, au-delà de la gagne... Parce que, attention, tu crois quoi ? Que je suis entraîneur et que je n'ai pas envie de gagner tous les matchs ? Tu n'es heureux que quand tu gagnes. Mais au-delà de ça ? Quand tu sors de ce prisme primaire, qu'est-ce que tu peux transmettre comme forte identité culturelle ? Une identité qui donne aux gens cette idée de : « Certes, on peut ne pas gagner, mais on a envie d'aller vivre cette expérience-là quand même ! » Ça, c'est essentiel et ça se perd.

André Menaut nous mettait en garde là-dessus : attention à ne pas tuer le football à cause de ce tournant essentiellement économique et capitaliste qui oublie tout le reste.

Un grand merci à tous les intervenants de ce livre
d'avoir pris le temps de répondre à mes multiples questions !

Merci à Amphora de continuer à me faire confiance.

Et merci à la Ligue 1 d'exister.

À ses supporters qui garnissent constamment
les tribunes des stades aux quatre coins de la France.

À toutes ses « petites mains »
(intendants, entretien de la pelouse, etc.)
qui, dans l'ombre, rendent ce spectacle possible.

Et bien sûr à ses acteurs sur la pelouse et sur le banc !

Merci !

Relectrice Sandrine Harbonnier

Réalisation couverture Lionel Rousseau - Amphora

Mise en page Jeff Renoux - Artemishqc.com

Imprimé en Europe par
Sagrafic, S. L. – Pasaje Carsi, n° 6 – 08025 BARCELONA

ISBN 978 275 760 515 8